高等院校艺术设计类基础课规划教材

字体与版式设计

周雅琴　主编

清华大学出版社
北　京

内 容 简 介

本书围绕字体与版式设计的相关知识，对各个章节做了系统的讲述，针对不同专业分析了本课程的重要性，并提出各自的重点与难点。本书由字体设计与版式设计两部分组成，第一部分为第1章到第6章，具体内容包括字体与版式设计课程简介、字体设计概述、汉字的字体造型、汉字的创意设计、拉丁字母的字体造型、拉丁字母的创意设计；第二部分是第7章和第8章，具体内容包括版式设计概述和版式创意设计。此外，每一章节的最后都进行了总结，并强调了章节之间的构架关系和需要掌握的知识点。

本书既可以作为高等艺术院校设计类专业教材，也可以作为高职高专相关专业以及艺术爱好者的教材及参考读物。

本书封面贴有清华大学出版社防伪标签，无标签者不得销售。
版权所有，侵权必究。举报：010-62782989，beiqinquan@tup.tsinghua.edu.cn。

图书在版编目(CIP)数据

字体与版式设计/周雅琴主编. --北京：清华大学出版社，2013（2023.1 重印）
（高等院校艺术设计类基础课规划教材）
ISBN 978-7-302-32923-7

Ⅰ.①字… Ⅱ.①周… Ⅲ.①美术字—字体—设计—高等学校—教材 ②版式—设计—高等学校—教材 Ⅳ.①J292.13 ②J293 ③TS881

中国版本图书馆CIP数据核字(2013)第136275号

责任编辑：李春明
封面设计：刘孝琼
责任校对：周剑云
责任印制：宋 林

出版发行：清华大学出版社
  网   址：http://www.tup.com.cn, http://www.wqbook.com
  地   址：北京清华大学学研大厦A座   邮   编：100084
  社 总 机：010-83470000   邮   购：010-62786544
  投稿与读者服务：010-62776969，service@tup.tsinghua.edu.cn
  质量反馈：010-62772015，zhiliang@tup.tsinghua.edu.cn
  课件下载：http://www.tup.com.cn, 010-83470236
印 装 者：涿州市般润文化传播有限公司
经   销：全国新华书店
开   本：190×260   印   张：11.25   字   数：273 千字
版   次：2013 年 7 月第 1 版   印   次：2023 年 1 月第 7 次印刷
定   价：56.00元

产品编号：038712-03

Preface 前言

  字体与版式设计是一门传统的艺术设计专业基础课程，主要用于研究字体、字体设计、字体编排以及各类版式设计。通过本课程的学习能够提升各类设计作品的专业基础，也能学到集设计规划统筹于一体的实用知识。

  作者根据设计市场和发展趋势，以及多年教授字体与版式设计课程的实践经验，针对当前的教育模式和现代设计的需求，对字体与版式设计课程进行了系统的归纳与总结。字体与版式设计课程由字体设计和版式设计两个板块组成，教授大家如何将各类级别的文字进行有机设计，挑选图片以及对辅助的色彩进行合理的设计与编排。字体与版式设计是一门实用性极强的课程，无论是平面设计专业的学生还是其他专业的学生(在此泛指工业设计、展示设计、环境艺术设计、建筑设计、规划设计、动画设计等专业的学生)，都能从中理解和学习到与本专业相关的知识。清晰易懂的理论知识和实用有效的操作流程是本书的一大亮点。本书中大量的实例、分析图和解说更加透彻地展现了字体或版式作品中暗含的设计手段，有利于大家的理解与学习。

  本书共分8个章节，其中第1章从不同专业和设计趋势入手，提出课程的重要性，说明课程的重点难点，使学生在学习的过程中能做到有的放矢。第2～8章由字体设计与版式设计两部分组成，第一部分为第1章到第6章，具体内容包括字体与版式设计课程简介、字体设计概述、汉字的字体造型、汉字的创意设计、拉丁字母的字体造型、拉丁字母的创意设计，在这一部分中主要针对汉字与拉丁字母的设计作了详细的阐述，提炼出每个设计节点中的难点与重点，还对各种字体构造的细节用大量的图例进行说明，力求使学生在创意和设计的过程中做到有根有据；第二部分是第7章和第8章，详细地阐述了版式设计的理论知识和创意设计，在图例类型的列举中注重了不同专业的需求。每一章节的最后都进行了总结，并强调章节之间的构架关系和需要掌握的知识点，有助于学生理解本书的整体框架。

  本书在编写的过程中得到清华大学出版社的大力支持，有关编辑提出了许多宝贵意见，并对图文进行了辛勤的校勘，同时也得到一些设计公司和朋友的大力支持，在此一并表示衷心的感谢！此外，书中还列举了一些造字工房的优秀设计作品，在此对相关作者致以诚挚的谢意。

  由于作者水平有限，书中难免存在疏漏和不妥之处，敬请业内专家、同行以及广大读者提出宝贵意见，以便今后不断改进。

编 者

Contents 目录

第1章 字体与版式设计课程简介 1
1.1 字体与版式设计课程的重要性 2
1.2 字体与版式设计课程的难点与重点 3
本章小结 4
思考题 4

第2章 字体设计概述 5
2.1 文字的发展 6
    2.1.1 文字的萌芽 6
    2.1.2 文字的诞生 7
    2.1.3 文字的成长 8
2.2 文字与设计的结合 10
2.3 字体设计的趋势 10
    2.3.1 文字情感化 10
    2.3.2 信息易读化 11
本章小结 12
思考题 12

第3章 汉字的字体造型 13
3.1 汉字的字体种类 14
    3.1.1 印刷字体 14
    3.1.2 非印刷字体 20
3.2 汉字的构造名称 24
    3.2.1 虚拟框 24
    3.2.2 字面尺寸 25
    3.2.3 骨架 26
    3.2.4 腰线 27
    3.2.5 胸线 27
    3.2.6 衬线 28
3.3 印刷字体的使用技巧 28
    3.3.1 预知问题 29
    3.3.2 解决问题 29
本章小结 31
思考题 31

第4章 汉字的创意设计 33
4.1 必不可少的汉字设计 34
4.2 赋予情感的汉字创意 36
    4.2.1 象形模拟 36
    4.2.2 造型会意 37
    4.2.3 事有所指 39
4.3 理性可行的设计方法 40
    4.3.1 魅力笔墨 41
    4.3.2 古韵重现 44
    4.3.3 现代图语 47
    4.3.4 笔体共生 52
4.4 多彩各异的效果表达 56
    4.4.1 视觉空间 56
    4.4.2 表现技法 58
    4.4.3 附加装饰 62
    4.4.4 光影变幻 63
4.5 优质设计的流程解析 65
    4.5.1 创意草图 65
    4.5.2 标准书写 65
    4.5.3 方案确定 66
    4.5.4 制作表现 67
本章小结 68
思考题 68

第5章 拉丁字母的字体造型 69
5.1 拉丁字母的系统学习 70
    5.1.1 罗马字体 71

目录 / Contents

　　5.1.2　哥特字体 72
　　5.1.3　衬线字体 74
　　5.1.4　无衬线字体 80
　　5.1.5　其他字体 81
5.2　拉丁字母的构造名称 84
　　5.2.1　基线 84
　　5.2.2　字母高度 85
　　5.2.3　"X"高度 85
　　5.2.4　上缘线 86
　　5.2.5　下缘线 87
　　5.2.6　字主干 87
　　5.2.7　字腔 88
　　5.2.8　字腕 88
　　5.2.9　字臂 89
　　5.2.10　衬线 89
　　5.2.11　字重 90
5.3　拉丁字母的记数体系 90
　　5.3.1　罗马数字 90
　　5.3.2　阿拉伯数字 91
　　5.3.3　字母数字 92
5.4　拉丁字母的形态 93
5.5　拉丁字母的使用规范 93
　　5.5.1　大写 93
　　5.5.2　小写 93
　　5.5.3　斜体 94
本章小结 94
思考题 95

第6章　拉丁字母的创意设计 97

6.1　趣味十足的拉丁字母 98
6.2　风格迥异的字母字型 99
　　6.2.1　传统字体 100

　　6.2.2　过渡字体 101
　　6.2.3　现代字体 102
　　6.2.4　粗衬线字体 103
　　6.2.5　无衬线字体 103
　　6.2.6　展示字体 104
6.3　富于想象的字母创意 106
　　6.3.1　概念图形 107
　　6.3.2　形象模拟 111
　　6.3.3　视觉空间 113
6.4　与众不同的表现效果 116
　　6.4.1　手绘插图 117
　　6.4.2　装饰点缀 118
　　6.4.3　技法绘制 121
　　6.4.4　材料应用 123
　　6.4.5　迷离影像 126
6.5　专业优质的设计制作 127
　　6.5.1　创意草图 127
　　6.5.2　专业书写 128
　　6.5.3　手工制作 129
　　6.5.4　软件应用 129
本章小结 130
思考题 130

第7章　版式设计概述 131

7.1　版式设计的基本原则 132
　　7.1.1　单一性 132
　　7.1.2　艺术性 134
　　7.1.3　整体性 135
7.2　版式设计的文字编排 136
　　7.2.1　文本对齐形式 136
　　7.2.2　文本特排形式 139
　　7.2.3　中英混排形式 139

7.3	版式设计的图形色彩	140	8.2.5 忽略网格	156
	7.3.1 图形处理	140	8.3 版式设计的创意应用	157
	7.3.2 色彩分析	141	8.3.1 网格比例变化	157
本章小结		141	8.3.2 图形处理技巧	160
思考题		142	8.3.3 色彩调配功能	162
			8.3.4 解说图表创意	165

第8章 版式创意设计 ... 143

- 8.1 版式设计的视觉流线 ... 144
  - 8.1.1 单向流线 ... 145
  - 8.1.2 曲型流线 ... 146
  - 8.1.3 引导流线 ... 147
- 8.2 版式设计的空间网格 ... 148
  - 8.2.1 空间尺度 ... 148
  - 8.2.2 图版率 ... 151
  - 8.2.3 网格系统 ... 151
  - 8.2.4 复合网格 ... 154

- 8.4 版式设计的制作流程 ... 166
  - 8.4.1 准备素材 ... 166
  - 8.4.2 组织内容 ... 167
  - 8.4.3 图文配比 ... 167
  - 8.4.4 细节处理 ... 168

本章小结 ... 169

思考题 ... 169

参考文献 ... 170

第1章

字体与版式设计课程简介

字体与版式设计

学习要点及目标

通过本章的学习,可以了解字体与版式设计的含义、重要性,理解本门课程的作用。

核心概念

字体设计　　　版式设计

本章导读

我们为什么要学习字体与版式设计?

这句话可能是所有学生心中的疑问,这门课程是否真的能解决我们每次做设计时的困扰?

1.1　字体与版式设计课程的重要性

字体与版式设计是艺术设计专业学生的一门基础必修课程。本课程由字体设计和版式设计两个板块组成。在第一板块学习的过程中,学生将详细地了解文字发展的历程、文字与艺术的结合、中英文字体设计各自的特点以及如何进行中英文多种字体组合设计;在第二板块中则学习如何在版面中将文字、图形与色彩自由地搭配组合,以适应各类设计的需要。

在艺术院校的大多数初学者看来,字体与版式设计这门课程更像是为平面设计方面的学习者准备的。的确,在视觉传达设计专业三四年级开设的课程中(如包装设计、平面广告设计、标志与VI设计,尤其是书籍装帧设计等专业课程),其设计元素大都包含文字、图形和色彩,而文字又是最为基础的设计因子。所以,文字会作为最基本的设计要素,通过科学的提炼与艺术的修饰后,设计师再选择相应的图形与色彩进行各类设计。

对于其他专业的学生来说(在此泛指工业设计、展示设计、环境艺术设计、建筑设计、规划设计、动画设计等专业的学生),在设计作品实现的过程中会有汇报与展示的环节,而这些环节一般会有三种表达方式:一本翔实精致的方案汇报册、一系列体现专业水准的展板或一个构思巧妙的PPT多媒体演示文稿(见图1-1)。无论选择哪种表达方式,版面设计的好坏能直接对其设计产生影响,无论前期方案如何,条理清晰的文字与精致气质的画面设计都可以提升原方案的整体效果。

图1-1　项目汇报的PPT多媒体演示文稿

综上所述，字体与版式设计课程是教授大家如何将各类级别的文字进行有机设计，挑选图片以及辅助的色彩进行合理的设计与编排，不仅表达了设计中所必须体现的细节与内涵，还能赋予其集极美的专业设计感，使学习者不再为散乱的设计元素而一头乱麻。

1.2　字体与版式设计课程的难点与重点

文字是版面的基本设计因子，有着告知与解释的功能，其重要性在诸多平面设计中无须多言。文字的设计在电脑操作平台上似乎显得比以往"轻松"，但是当计算机让我们的设计变得多样性时，文字原本深层次的设计便常常浮于表面的"形"与"体"，使人误解使用一种奇特的字体便是"文字的设计"了。日本著名平面设计师伊达千代曾指出："钻研文字，看似会偏离设计这个令人充满想象的词语……但能保证……将成为你设计制作的基础，能大幅地提高作品的质量。请不要被计算机和字体等工具所限制，充分享受自由而又自信的设计乐趣吧。"

文字的设计其实就是所谓的"字体设计(typography)"，这也是本门课程的难点。难点在于首先要对文字进行外形的延伸与内在的探索，把控字体的设计风格。当然了解现有的印刷字体是必不可少的，至少学生清楚有多少种"文字的感觉"已经被设计，这时需要我们尽可能多地去认识在不同操作系统平台(Windows和Mac OS X)下的各类印刷字体，进而对这些字体进行逻辑分类，清楚何种设计风格的字体能体现复杂的设计感觉或放置在哪类版面中更为合适，如此，在实操中才能得心应手。其次，当解析一个字或一组词时，在设计上要细致到每一笔画，尝试不同的重组、设定带来的视觉感受，当然，在以后的章中会详细说明"不同重组与设定"的具体规则和手法。

版式设计是本课程的第二板块，其中图形是版式设计的三大要素之一，也是文字在视觉感官上的形象表达，所以图形的设定与处理则成为本门课程的重点。"图形的设定"包括设计与决定。图形设计是需要设计师对现有图形进一步处理以期达到版面所需要的效果，图形决定则是指在大量的图形元素中找出与版面相呼应的并能使用的图形。在这里，我们所指的版式设计中的"图形"包含了摄影照片和手绘插画，它们共同以拓展文字的广度和深度而存在，与其相互呼应。本课程重点在于如何遵循版式设计的基本原则，利用视觉流线和空间网格，更好地组合与搭配现有的图形素材，并探索图形的多种创意处理手法。

本 章 小 结

本章分两个部分，其中，第一部分主要介绍了字体与版式设计课程对各专业学习者的重要性，第二部分说明课程的难点和重点分别是文字的设计与图形的设定。本章的学习目的是让学习者对字体与版式设计课程有个初步的认识，明确需要学习的内容以及作用，了解难点和重点，为后面其他章的学习做铺垫。

思考题

如何理解字体与版式设计的重要性？

第 2 章

字体设计概述

学习要点及目标

通过本章的学习，理解文字的体系，明确字体与设计结合的必要性，了解现代字体的设计趋势。

核心概念

字体设计　楔形文字　文字情感化设计　设计趋势

本章导读

通过上一章的学习我们已经明白了学习这门课程的重要性，看来它确实能帮助我们许多，无论是哪个专业，似乎都应该有这样的基础。我很感兴趣，想继续往下更多更深入地了解。从课程名称上看，应该先学习第一板块！看来会先让我们了解一下什么是文字设计。

2.1　文字的发展

2.1.1　文字的萌芽

在文字出现之前，远古人类曾经历了用实物来标记和传递信息的阶段。那时的人类为了反映客观活动，曾经发明了结绳记事的方法(见图2-1)，在古代中国与秘鲁印第安人地区都曾出现过。对结绳记事存在的事实在古代文献中曾记载，虽然至今并未发现远古人类的结绳实物，但在考古时发掘的陶罐等器物上，大量绘制的网纹图(见图2-2)、绳纹和陶制网坠等实物体现出了古代人们结绳结网的生产情景。

图2-1　结绳记事　　　　　图2-2　绘制网纹图的陶器

2.1.2 文字的诞生

文字的发展是循序渐进的，基本经历了类文字(图形图符)、形意文字(表意文字)、意音文字(表音文字)三个发展阶段。对于这三个阶段而言，只说明了各类文字出现和发展的前后顺利以及彼此的关系，这种发展阶段中先后顺序的排列不作为判断文字优劣的标准，能够准确记录相应语言特征同时还有使用范围和发展时段的文字才具备优秀的品质。

在文字诞生之初，曾出现过许多种类似文字的符号(图形图符)，包括刻化符号(见图2-3)、岩画(见图2-4)、文字画以及图画字。这些符号与我们当代文字最大的区别在于无法用言语去复述(通常是指不包含语音等信息要素)，相同的地方则是都附带有可以沟通理解与帮助记忆的形象符号。类文字是纯粹把图形符号作为文字使用的一种语言表达和记录手法。

形意文字，又称为表意文字(象形文字)，中国古代的甲骨文(见图2-5)和古埃及的象形文字(见图2-6)是大家比较熟悉的形意文字，此外古代美索不达米亚的楔形文字和中美洲的玛雅文字古老而又自成一派。上述四种字体是世界上公认的四大自源字体。

图2-3　蚌埠双墩遗址出土的刻符(植物、鹿形)　　　图2-4　挪威北部的阿尔塔岩画

图2-5　甲骨文　　　图2-6　象形文字

古代美索不达米亚的楔形文字是来自底格里斯河和幼发拉底河流域的古老文字，公元前3200年左右由苏美尔人发明。楔形文字多数使用削尖的芦苇杆或木棍在潮湿的泥板上书写，经过烘晒后就可以保留下来，也有一少部分出现在石头和金属材质上。由于书写出来的笔画一头粗一头细，故称"楔形"，也有人称其为"钉头文字"(见图2-7)。中部美洲的玛雅文字源于鼎盛一时的玛雅文明，是中部美洲前哥伦比亚时期的文字系统，最早的玛雅文字记载大

约是在公元前3世纪,比前三种古老的自源字体出现得晚。10世纪时,火山爆发与地震灾害使得玛雅文明开始衰退,16世纪西班牙殖民者毁灭式的入侵,使得曾经辉煌的玛雅文明戛然而止。玛雅文字的刻本世界仅存四本,大多数都遗留在神殿祭台上,如图2-8所示。

图2-7 楔形文字

图2-8 玛雅文字

2.1.3 文字的成长

漫长的世界历史发展至今,已经被发现进而研究的语言有6000多种,其中大部分都是口头语言,并未真正形成文字体系。

汉字是世界上使用人数最多的语言文字,使用汉字和汉语的人数达到13亿以上,是目前世界上仅存的、发展成熟和代表高度文化的语素文字。汉字是上古时期各大文字体系中唯一传承至今的语言文字,从公元前1300年殷墟甲骨文、籀文(大篆)、金文、小篆发展到汉朝的隶书,唐代开始正楷化(见图2-9)。中国历代皆以汉字作为主要的官方文字,在古代已经发展到一定高度,在20世纪前也是日本、朝鲜、越南等国家官方的书面规范文字,如今还能在很多东南亚国家看见汉字的身影(见图2-10)。

图2-9 正楷(颜真卿)

图2-10 日本设计中的汉字

拉丁字母，又称为罗马字母，受早期基督教、欧洲殖民主义和西方文化的传播和影响而成为世界上比较通用的文字体系。道格拉斯·C.麦克默蒂曾说过："我们每天都轻松自如地应用字母，如同我们呼吸空气一样理所当然。我们没有意识到，今天服务于我们的每个字母都是由古老的书写艺术艰难缓慢、一步步发展而来的结果。"

追溯拉丁字母的成长过程，我们将历史倒回到大约公元前1400年(青铜器晚期)的原始迦南字母；随后被腓尼基字母代替(见图2-11)，这是一个由22个表音字形组成的辅音字母系统，也是世界上第一张字母表。希腊语言的元音非常发达，约公元前800年在腓尼基字母的基础上增添了元音字母，随后在书写方式上也逐渐演变成从左向右，字母的方向进而颠倒。希腊字母是世界上最早有元音的字母，对希腊文明乃至西方文化影响深远(见图2-12)。早期的希腊字母增至24个，随后希腊在意大利的殖民地演化出传统的伊特拉斯坎字母(见图2-13)，公元前700年罗马人引进希腊字母，形成25个字母并进行多次调整，公元前400年盎格鲁-萨克逊人(北欧)接受罗马字母表，新加2个字母后又去掉一个，形成了拉丁字母，最后到1816年威廉·卡斯龙四世的无衬线字体才完全呈现出26个标准的拉丁字母，并沿用至今。

图2-11　字母对照表

图2-12　希腊字母

图2-13　伊特拉斯坎字母表

本课程中所学习的文字设计主要是汉字和拉丁字母的学习，这两种文字体系无论是从广度上还是从深度上，都比其他语言文字在使用与设计的意义上更加实用。

2.2 文字与设计的结合

引用温迪·瑞奇蒙德的设计观点:"平面设计师的作用就是作为译者,将信息放入可以让人们更好地理解内容的视觉形式中。如果你真想附加价值于你的信息中,就要确定它是否经过精心的设计。不是把它设计得更漂亮,而是要设计得更加易懂。"文字与设计的关系亦如此。当文字的多样性可以独立于语言意义之外而得到欣赏时,每一个字符就成为从语言环境中可以提取的视觉符号。

文字是我们无时无刻都能感知到的语言符号。从受众的角度去看文字与设计,都或多或少地留下各种视觉感受,好的设计作品在文字设计上均能恰如其分地表达图形要素朦胧的内涵,完成准确传达信息的基本功能,同时文字设计本身还能体现出强烈的情感和力量。从设计师角度去认知文字与设计,需要真正仔细研究文字的外部形态,延伸拓展字体的内部结构,在文字的成长及发展过程中体会不断变化着的字体形式。虽然当初很多字体的出现是为了更方便地沟通与传播,"设计"的初衷非同现代的"设计",但是从罗马体、经典的哥特体到装饰味极浓的巴洛克字体,中国大篆、小篆、隶书及正楷,在各个国家文化变迁中都衍生出属于那个时代的"文字设计"。当今计算机与软件的高度发展,使设计师能更便捷地去完成意象中的设计方案,不过也别被这些电子工具所束缚,纯手工的字体绘制也许能带给你意想不到视觉味道,如图2-14所示。

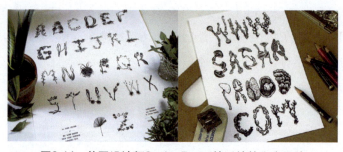

图2-14 美国设计师Sasha Prood纯手绘的文字设计

文字设计更注重的是"字体"的设计,不同的字体赋予受众不同的视觉感受,恰如其分的字体设计,简单地说就是字体(设计或选择)的感觉符合设计所营造的气氛。

2.3 字体设计的趋势

2.3.1 文字情感化

时常听到客户审查设计方案时说:"怎么感觉这些字都没有设计啊?""这字体设计得也太简单了些吧!"汇报交流中为什么设计师自我感觉出彩的设计作品在客户眼里被视而不见呢?很简单,你的设计没有达到客户的期望值,一直强调的"感觉"、"眼缘"在你设计中没有被表达出来,文字设计的感觉和思路与设计内容不相符合,没有为内容做情感上的升华,而仅仅为了"字体"设计而设计。

文字经历的种种演变，终于从一个象形符号进化成各种标准的字体，这些标准字体长时间地承载了信息交流与知识传播的基本功能，而现代字体设计的精髓则使受众能"倾听文字的声音"。如何理解这其中的精髓呢？声音是抑扬顿挫的，说一个字或一组词时都带有丰富的情感和语调，在文字设计中将这种口语化的情感转化成为设计因子，使抑扬顿挫的声调起伏视觉化，经过"起伏式的变化"将阅读者的身心感受与文字设计中的情感化统一，巧妙地设计到文字的外形、结构甚至小小的一个笔画中去。文字的情感化设计是现代设计的自然趋势。

文字情感化设计的融入，往往最能在一个字或一组词上体现出来。

汉字由于本身就是高度发达的表意文字系统，单个字代表一个或几个语意，因此，在针对汉字的设计中无论是单独的一个字还是一个词语，设计师都必须先考虑单体字符本身的内涵和外形，再结合设计项目进行相应的情感化设计，这既是汉字设计的特点也是设计的难点。对于初学者来说，经常会习惯性地回避汉字部分的设计，进而加入大量的拉丁字母，本以为这种"设计"更国际化，殊不知"民族的才是世界的"。如，综观日本诸多设计大师的作品，会发现经典的日本元素无处不在(见图2-15)。

拉丁字母的设计则不同，因为拉丁字母是全音素文字，单独的字母只有读音而不附带语意，只有组合在一起的单词才真正具备语意。因此，拉丁字母情感化的设计手法可以分成两种：一是不考虑语意进行视觉形象上的情感化设计，这种设计手法针对单独的拉丁字母，更多专注于情感化设计的视觉效果(见图2-16)；二是考虑单词组合后整体的语意进行设计，但基本元素(字母)能够跟随整体进行视觉转换。所以特别是对初学者来说，拉丁字母在设计上确实要比汉字设计被限制的少得多。

图2-15　日本设计师原研哉的设计作品

图2-16　拉丁字母的设计

文字情感化设计比较适合于字符数较少的设计项目，例如标志、封面等。设计因子较少而手法多样能丰富其层次效果，情感化的融入使得标志更能体现一个企业或表达一个品牌的文化；情感化设计也能让封面像人的表情一样，使鲜活的内容跃然纸上。

2.3.2　信息易读化

不知大家有没有一种感受，就是阅读大段大段的文字时很容易串行，当然，其中包括有时不太感兴趣但是有必要去了解的纯理论书籍。视疲劳是受众常常感觉到的，"串行"就是最典型的生理表现，之所以有这种感受是因为长时间视线接触过于统一的段落文字而形成的物理情绪。当然，有些非常正式的文书是不宜被设计得过于花哨的，例如电子产品的说明书，其文字中的重点部分可以用一些简洁的设计手法引起受众的注意力并增强记忆，也方便在下次查阅时能快速准确而不是逐行逐句地寻找。Word软件中都有简单的标注重点文字的手段，在专业设计软件的支持下，作为设计师更应该注重信息的易读化。

在这里重提文字的易读化，并非单纯的字体识别性问题，"易读化"的关键在于使"有层次的文字信息"易于传达。易读化的"易"是方便、容易，"读"更多关注视觉上"有层次"的注意力和思想上"有重点"的理解力。易读化设计更加适合在文字段落中进行，针对不同层级的标题与相对应的内容。是汉字还是拉丁文字在这种设计中没有太多本质上的区别，唯一不同的就是大段拉丁文字的段落不太适合纵向排列，容易在视觉上产生颠三倒四的不良效果。

文字的情感化设计注重"起伏式的变化"，属于一种水平状态下的相互连续性设计思路，很像平时绘制出来有高有低的波浪线；而信息的易读化设计则是"大统一的概念"，着重表达垂直纵向的树状型设计理念，体现上下级别的关系。文字情感化和信息易读化的具体设计方法将在第4章、第6章和第7章的学习中进行详细讲解。

本 章 小 结

本章分三个部分，其中，第一部分按照文字萌芽、诞生和成长的发展顺序，详细说明远古文明在各个年代创造出来的文字体系；第二部分说明文字与设计结合的视觉化作用；第三部分则表达了现代文字设计的趋势，其中包括情感化和易读化，并对这两种趋势进行解释，这一部分是本章的创新点。

通过市场调研收集设计资料，分析国内外字体设计的优缺点，并举例说明。

第 3 章

汉字的字体造型

学习要点及目标

通过本章的学习，主要掌握汉字的字体种类，尤其是汉字各个构造的学习，有助于学生对汉字的系统认识；同时还加入了实际设计中的操作技巧，解决设计盲点。

印刷字体　非印刷字体　汉字造型　骨架　腰线　胸线　衬线

学习字体设计的基本知识是很有用的，你会发现它比单调的历史更有趣味，这是在用艺术的手法见证时间的流逝，每一种字体都有其特殊的时间背景。现代生活中我们看到的经典作品，都不是随意设计出来的。通过本章的学习，你会突然发现原来自己如此小看"字体设计"。这个世界上有这么多文字，我们该从哪里学起呢？还是先从自己最熟悉的文字——汉字，开始学习吧！

3.1　汉字的字体种类

从远古殷墟的甲骨文发展到现代标准的汉字，历经了数千年的演变，至今仍被保留的汉字字体数量多达千余种。文房四宝之一的毛笔给汉字书写带来了婉转曲折的艺术气息，印刷术的发明又成为汉字字体树状形演变的一个重要分水岭，印刷字体的出现在汉字发展的过程中有着里程碑式的意义。汉字字体的种类如果按照科技与人文去分类，那么，无疑"印刷"与"非印刷(传统书法)"更加能让普遍使用计算机的初学者理解这两大类的根本区别。

3.1.1　印刷字体

印刷字体主要来自于已经储存在计算机上的字体。现如今，使用中文操作系统的计算机的字体文件夹中最基本的汉字字体分别是宋体、仿宋、黑体和楷体，可以说这四种汉字字体是其他字体的基础字型，无论是方正、汉仪还是文鼎(以上均指字库名称)。基础字型的字体(宋体、仿宋、黑体和楷体)有着相同的名称和统一的标准，因此非常稳定和通用，不会受软件影响和人为因素而改变。接下来，我们对基本字型的字体进行全方位的了解和学习。

1．宋体

"兴文教，抑武事"的治国方略使宋朝的文化发展呈现出前所未有的繁荣昌盛，由于手抄书已经不能满足文化的快速传播，使得我国的雕版印刷进入了黄金时期。

唐代的楷书是中国书法发展的巅峰(见图3-1)，因此也顺理成章地成为雕版印刷字体的重要参考。当时的木刻雕版是对页印刷，为横向长方形制版(见图3-2)，雕版纹理顺着长边，因此木纹都是横向的。在技术的处理上，雕刻时横向笔画和木纹一致相对结实，竖向笔画和木纹交叉容易断裂，印刷时横向笔画在端点上的也容易磨损，所以在刻版时为了雕版能长时间的印刷使用，逐渐产生了竖向笔画较粗、横向笔画较细、横线端点有一粗点装饰的宋体字。雕刻时的痕迹在传统油墨和纸张印刷的过程中，使得印刷品上的字体棱角稍变圆润，显得浑厚起来，巧妙地把唐楷艺术和雕版手工融为一体，形成了宋体字独有的"横平竖直，横细竖粗，起落笔有棱有角，字形方正，笔画硬挺"的艺术特质(见图3-3)。

图3-1　颜真卿书法

图3-2　木刻雕版

图3-3　老宋体的分解笔画

宋体字虽产生于宋朝但当时并不成熟，到明代才正式确立了在印刷中的重要地位，进而传入日本，在日本称为明体、明朝体。宋体源于唐宋，盛于明清，在近一千年的使用过程中仍然保持了艺术和技术结合的美学本质，是时间最长使用广泛的印刷字体。现在，字体设计公司均有各种类型的宋体字供设计与印刷使用，如图3-4和图3-5所示。

图3-4　现代宋体的笔画细节　　　　　　　　图3-5　现代字库中的宋体

2．仿宋

宋体是现在我们接触最多的一种字体，而"仿宋"虽只有一字之差，还是和宋体有较大区别的。仿宋受宋代刻本的影响，创作于20世纪初。在民国时期，很多人对仿宋青睐有加，1920年中华书局印制出版的《四部备要》，选用了丁氏的"聚珍仿宋体"进行排印(见图3-6)。此书作为研习古代文献的常备书籍流传甚广，被评价为"字画清晰、精美古雅"。仿宋字体在当下十分流行，在《回忆中华书局》一书中曾提到"特别是以仿宋字体排印的名片，全国文明，设立名片部，每日印刷百余盒，大有应接不暇之势"。同样选用"聚珍仿宋体"编排的诗集《志摩的诗》，风靡一时，多少也反映出在那个年代仿宋字体曾被众多的文人墨客追捧，在印刷界掀起了一阵风潮。

图3-6 《四部备要》中华书局的聚珍仿宋版

提示

> 1915年丁氏兄弟以宋本字体为基础，融合欧体书法的特点，而后参考《朱柏庐治家格言》的仿宋笔形进行设计，并制作铅质活字，创造了"聚珍仿宋体"，其中"聚珍"就是活字的意思。聚珍仿宋字体刚柔并济，极具人文特征，丁氏兄弟设计的这款字体被现代人视为仿宋字体的开山鼻祖。

仿宋字体的优点在于，横竖笔画均匀，起笔和落笔成倾斜形，笔法锐利，结构紧密，清秀雅致。但是也有评价说"仿宋体在横排使用时，字体的倾斜会使视觉中线不断产生跳跃，从而引起阅读疲劳；其次，仿宋体无法拥有太多字重，而宋体则可以从很细到很粗，做出一套庞大的字体家族"。这样一来，仿宋体最多只能做两三种细微的变化，很难通过字重对比起到强调等视觉作用。这一弊端在民国时期的印刷品上已有所反映，譬如聚珍仿宋版《集韵》(见图3-7)，一眼看去几乎难以分辨字头(字典中的起始字)与释义。

现在大部分印刷都是使用了上海印刷技术研究所设计的仿宋字体(见图3-8和图3-9)，以"秀丽整齐、清晰美观"为特点应用于副标题、诗句、短文或引文中，由于不适合大范围使用，所以是基础字体中发展最为缓慢的一种，甚至不太专业的字体下载网站中将仿宋字体归于宋体之下。即便如此，在仿宋字体的创作上仍有很大的空间，希望更多的设计师去关注它。

图3-7 聚珍仿宋版《集韵》

图3-8 现代仿宋的笔画细节

图3-9 现代字库中的仿宋体

字体名称：仿宋

方正仿宋繁體
创艺仿宋简体
华文仿宋简体
经典仿宋简体
长城细仿宋简体
汉仪粗仿宋简体

3．黑体

汉字的黑体(见图3-10)是以拉丁文无衬线字体为基础创造的，是西方的现代印刷传入东方后的产物，有一百多年的历史。黑体抹掉了书写中一切人为的痕迹，没有笔触的起始和结束。黑体在其构造设计中没有遵循其他字体的造字规律，它用几何学的方式确立基本结构(它是构建性的，而非书写性的)，均匀的笔画宽度和平滑的笔画弧度表现出一种稳定、冷静的特点。早期的黑体相对粗犷，由于汉字有较多笔画且识别性差，所以从一开始就用于表现醒目的标题。现如今越来越多的公司与设计师关注黑体的字型设计与造型，为设计项目提供多样性的选择(见图3-11)。

图3-10 现代黑体的笔画细节　　　　图3-11 现代字库中的黑体

黑体的英文叫"gothic"，译为"哥特式"。哥特式原是指欧洲中世纪的一种艺术风格，是和建筑绘画等相关的专业名词。黑体随后传入日本称作"gothic alternate"，在日文中也被称为"ゴシック体"(哥特体)。黑体在很多国家都非常通用，汉字与拉丁字母都有黑体字，在汉字字体中传统的黑体被称为"无衬线体"(关于衬线的概念在本章第2小节里会做进一步讲解)。

4．楷体

印刷楷体字是最接近书法手写体的一种计算机字体(见图3-12)，几乎将书法中楷体的特征全部保留。印刷楷体具备毛笔笔触的起笔与落点，线条起伏有序且没有直线与死角，文字结构完全没有被破坏，给人一种亲笔书写且正式的感觉，体现出温文尔雅的人文气息，极具中国古典气质。这种字体比较正式，适合表达诚意和认真的态度，在企业信函和简介中常见，其传统古典的印象也适用于体现东方特色的设计作品中。

据记载，雕版印刷时，负责撰写和制作雕版的人就是当时擅写楷书的佛经"写经生"，楷书因而成为雕刻印刷最早参照的字体。现在越来越多的设计师重新回顾经典书法，将更多的艺术元素融入至现代楷体中(见图3-13)，极大地丰富了我们的设计素材。

第3章 汉字的字体造型

图3-12 现代楷体的笔画细节

图3-13 现代字库中的楷体

课外知识链接

汉字字体设计公司及设计活动

(1) 方正字库(网址：http://www.foundertype.com/)

北大方正是中国较早从事中文字库开发的专业厂商，也是最大的中文字库产品供应商，现拥有各种中、西文以及多民族文种字库数百款。作为享誉全球的方正中文电子出版系统的重要组成部分，字库产品可以跨越平台使用，运行基于Windows和Mac平台的应用软件。在国内有近90%的报社、出版社、印刷厂每天使用方正字库排印大量的报纸、书籍、杂志、教材、文件和包装等，在海外使用中文的报刊中，这个比例也已经达到80%。由于国内主要视频设备厂商选用方正字库，CCTV、BTV、凤凰卫视等各大电视机构每天向千家万户传送使用方正字库制作的新闻、体育和文艺节目。方正字库成为市场上使用最多的中文字库产品。

北大方正公司举办的"方正奖"中文字体设计大赛(见图3-14和图3-15)，历经十年，已经成为中文字体设计领域中最具影响力和号召力的设计赛事(比赛可从其官方网站上做进一步了解)。

图3-14 一等奖 焦振涛《渍体》

图3-15 一等奖 倪初万《笔墨的表情》

(2) 汉仪字库(网址：http://www.hanyi.com.cn/index.html)

北京汉仪科印信息技术有限公司(以下简称"汉仪公司")成立于1993年，是中国最早专门从事专业字形设计、汉字信息技术研究、字库产品开发、汉字应用解决方案的高新技术企业。2005年，汉仪公司率先在国内市场推出30款Open Type字库，打破了中文字库在该字库格式上的空白。

汉仪公司已于2012年2月启动第一届"字体之星"基金计划，对优秀字体设计作品及作者提供基金奖励(见图3-16)。"字体之星"基金计划每两年举办一次，旨在鼓励设计师的设计创新力，提高大众对字体设计的关注度与喜爱度。申报"字体之星"基金计划可登录"字体之星"官方网站(http://hanyi.com.cn/hanyi/index.php)下载资料申报参加。

(3) 造字工房(网址：http://redesign.hk/)

造字工房创立于2009年年初，专注于汉字新字体字形设计与开发。整个设计团队由从事多年商业设计的平面设计师和专业字体设计师组成，对汉字持有深厚的感情，多年来一直致力于汉字字体字形的设计、应用和研究(见图3-17)。造字工房专注为客户在品牌推广方面提升视觉优势，从而直接影响企业品牌的价值提升，努力帮助视觉设计师在设计过程中有更多的优秀字体选择，使其更快更好地完成设计项目。

造字工房许多优秀的字体得到众多知名企业的青睐和采用，一些具有前瞻性的企业客户甚至设计开发了以自身企业命名的专用字体。随着业务拓展和客户需求，造字工房也相继成功开发了造字工房俊雅、尚雅字体，更推出了悦黑系列字体，并同时有多款字体正在陆续设计开发中，即将逐一面世，为社会提供更多时尚个性、与众不同的新颖字体。

图3-16　汉仪"字体之星"基金计划大赛

图3-17　造字工房官方网站

(4) 文鼎字库(网址：http://www.arphic.com/cn/home.html)

文鼎字库出自文鼎科技，公司成立于1990年5月。可以为客户提供数位字库元件，支持客户进军全球；提供完整字库字码解决方案，解决电子商务的大字库多字码问题；提供Windows/Mac平台最佳字库，无论印刷排版、美工或一般办公室使用都方便。文鼎科技于2009年12月通过CMMI Maturity Level 3正式评鉴，并于2010年1月正式登录于SEI(Software Engineering Institute)数据库中，成为全球第一家通过CMMI Level 3评鉴的字型软件服务厂商。

3.1.2　非印刷字体

本节列举的篆书、隶书、魏碑、行楷和草书均为典型的书法字体，即非印刷体。之所以逐一进行讲解,是因为这些字体在我们设计中应用得非常普遍,它们与宋体、仿宋、黑体和楷体交相呼应,在画面中体现不同的设计风格,给我们的作品带来了丰富的视觉感受。每种字体都有它独有的气质,更多的了解与学习能使我们在字体设计的应用中更加得心应手,选用其中某一种书法字体能正确表达出符合该字体应有的气韵,有根可寻,而不是让这些书法字体的选用与设计显得随心所欲、无据可查。

1. 篆书

篆书即篆体、篆文,是我国书法比较古老的一种书写形式,分为大篆与小篆(见图3-18)。广义上的大篆是指相对小篆之前的文字,包括了金文(又称钟鼎文)与籀文(繁体金文),狭义上理解就是籀文。小篆即秦篆,是由大篆衍变而来的,它将籀文进行简化,据记载公元前221年由丞相李斯建议,秦始皇统一六国后,推行"书同文、车同轨"的统一政策,一直使用到西汉末年(约公元8年)才逐渐被隶书代替。

篆书以字型优美、形式奇特见长,其笔画复杂可任意弯曲,一直深受艺术大家们的青睐,还常常用于印章字体,在古代还是重要的官方防伪印章。由于它长时间的历史地位及深远的艺术影响,在《现代康熙字典》上仍然保留了小篆的书写方法,许多字体库里也有大量的篆书字体可供选择(见图3-19),适合识别度不太高的设计效果。

图3-18 大篆(左)、小篆(右)

图3-19 现代字库中的篆书

2. 隶书

隶书在汉字的风格中属于比较庄重、沉稳的一类字体,讲究"蚕头雁尾、一波三折",其外形轮廓略扁宽,笔画横长竖短,呈横向长方形的视觉效果。

隶书由篆书演化而来,在秦朝时经历"隶变"(小篆到隶书的演变过程),主要变化在于将篆书弯曲的笔画改为方折,以便加快书写速度(见图3-20);西汉初年沿用秦隶,随后东汉时期达到隶书发展的第一次高峰,众多风格将隶书演绎得淋漓尽致,大量的石刻作品被保留下来,《张迁碑》、《曹全碑》、《华山庙碑》等经典作品均出自于这个时期;魏晋以后,草书、行书等书法形式的出现,给隶书带来了一个较长的平稳期,随后清朝的碑学复兴浪潮再度掀起了隶书的发展高峰,多位著名的书法大家在传承汉隶后又对隶书进行了大量的创新(见图3-21)。隶书的高度发展及多次创新,也在众多的字体形式中建立了坚实的基础(见图3-22)。

图3-20　秦隶　　　　图3-21　清金农隶书　　　　图3-22　现代字库中的隶书

3．魏碑

魏碑是南北朝时期对北魏碑碣、摩崖、造像、墓志铭等文字石刻的统称,石刻上的书法字体因此也被称为"魏碑"。魏碑书法传承汉隶笔法,其风格多样,在当时的书法撰写中具有极高的艺术水准,其主要创作题材有佛教造像题记和民间的墓志铭(见图3-23),是一种上承汉隶传统下启唐楷新风、继往开来的过渡性书法体系,为现代汉字的结构笔画奠定了坚实的基础。康有为曾在《广艺舟双楫》中提出"尊碑仰贴"的观点,力捧魏碑,赞誉其有"十美"——"古今之中,唯南碑与魏为可宗。可宗为何?曰有十美:一曰魄力雄强,二曰气象浑穆,三曰笔法跳越,四曰点画峻厚,五曰意态奇逸,六曰精神飞动,七曰兴趣酣足,八曰骨法洞达,九曰结构天成,十曰血肉丰美,是十美者,唯魏碑南碑有之。"给予了魏碑书法极高的评价。魏碑经过标准化设计后形成今日的"魏体"印刷字体,各大字体库也设计出多种魏体印刷字体(见图3-24)。

图3-23　张猛龙碑　　　　图3-24　现代字库中的魏碑

4．行楷

行楷书法是介于楷书和行书之间的一种艺术形式，它简化了楷书的书写笔画，加强行笔写意，追求一种静中求动的视觉态势。行楷与楷书有两大区别：一是楷书形体方正、笔画平直、结构严谨、字形定型，而行楷的字形是在楷书的点画基础上，略加变动而适于连笔书写的一种实用性很强的书体，是楷书的快速手写体，行楷的结构自由，字的笔画可依据不同连笔位置的需要作出灵活多样的变化，书写不需停笔、顿笔更长的时间，下笔收笔，起承转合，多取顺势，一笔带过；二是两者之间的笔顺和笔数都不一样，一般而言楷书的书写笔顺比较固定，有着严谨的笔顺章法，而行楷随个人书写的实际需要，因此同一款字的某一笔画可以先写也可以后写，由于行楷中的笔画部分相连或合并，也就连带着笔数相应地减少了。王羲之的书法作品《兰亭序》(见图3-25)被形容"龙跳天门，虎卧凤阁"，是行楷书法体系中最著名的代表作。行楷在书法体系中有着重要地位以及诸多经典作品，也是设计师们钟爱使用的书法字体之一(见图3-26)。

图3-25　《兰亭序》　　　　　图3-26　现代字库中的行楷

5．草书

草书出现较早，在汉代初期为了快速记录而使隶书"草率"书写，肃宗孝章皇帝刘炟偏好这种"草率"的隶书，最早出现的"章草"，也就是隶书的草书体。唐朝时，草书原本记录和书写的功能减弱，逐渐演变成一种艺术形式，且盛极一时。草书不在乎文字的识别性，注重"字之体势一笔而成，偶有不连而血脉不断。"虽有时点画不作连写但仍需气脉相贯。一字如此，一行也如此，"要能上下承接，左右瞻顾，意气相聚，神不外散"。草书书法历经多个朝代，出现了章草(起源西汉)、今草(汉末)、狂草(唐代)(见图3-27)、行草和破草(现代书法)。

现代字体库中也有大量的草书字体(见图3-28)，草书字体由于有辨识度的问题，所以在设计应用的过程中，可将这种字体进行处理。

图3-27　怀素《自叙帖》　　　　　　图3-28　现代字库中的草书

书法大家们成就了我国这种独特的文字艺术，在当今世界上具有极高的鉴赏和收藏价值，同时也给视觉设计注入了更多的艺术底蕴。人文艺术与科学技术的结合，让越来越多的设计师和字体爱好者将书法字体转换成可以使用的印刷字体，大量用于现代计算机，成就了文字设计的艺术性和多样性。

3.2　汉字的构造名称

在前面的学习中，我们是从历史渊源和艺术造诣的角度上理解传统字体的形成，但从设计的角度来说，需要进一步科学理性地分析每一种字体，了解字体的相关构造才能作出正确而又专业的判断。文字的构造名称在设计领域里通用，无论是汉字语系还是拉丁字母，都有相应专业的构造名称，下面我们先来了解深邃博大的东方语系。

汉字(这里泛指印刷字体)的标准书写是放置在"虚拟框"的中间，而文字的"字面"才是真实有效的实际尺寸，文字的结构基于"骨架"，是决定字体变化走势的根本，"腰线"是字体中有血有肉的部分，其粗细在视觉上会影响字符的重量，"胸线"则是字体中围合的虚空间。"骨架"、"腰线"和"胸线"相互间的配合共同创造新字体。"衬线"是和拉丁字母相同的一个构造元素，是字体区分有无装饰效果的基本标准。

3.2.1　虚拟框

汉字的特点确定了其视觉轮廓为正方形，也被时常称为"方块字"。虚拟框是印刷字体在视觉延展效果上界定的一个尺寸框架(见图3-29)，两个或多个(横向排列)连续字符的虚拟框中间(左右之间)所保留的距离就是字符的间距，虚拟框的左右尺寸与间距相关，标准的0号字距左右连续的字符其虚拟框边线是重合的(见图3-30)。每个设计软件中在调节文字间距时都设定有正负数值,当数值为正数且数值增加时,字符间距扩大;当数值为负数且数值增加时,字符的间距将越来越小直至重合(见图3-31)。段落的上下之间相对应的就是行距,虚拟框的上下尺寸与行距相关,调节原理和效果与间距相同。虚拟框的尺寸是计算机设定的基本间距尺寸,在实际软件操作中,设计师会根据视觉效果的需要进行修改。

在字体设计中,虚拟框确定新字体的视觉轮廓和基本间距,如改变虚拟框呈横向或纵向的长方形(见图3-32)。

图3-29　黑体的虚拟框(蓝色线框)

图3-30　标准的0号字距

图3-31　间距数值为负数的缩进效果

图3-32　改变虚拟框的字体效果

3.2.2　字面尺寸

实际的字符尺寸为"字面尺寸"(见图3-33),在软件中相应的名称叫"字号"(font size)。字面尺寸在文字四周形成一个框架,印刷字体的笔画不会逾越,而设计字体的字面尺寸取决于设计的需要。一款印刷字体在设计的过程中必须制作出连续字号的字体(见图3-34)供设计使用,不断增大的字面尺寸相应地会影响文字的"骨架"、"腰线"、"胸线"等结构元素。

字面尺寸的变化会对文字的认识度和识别性、段落的起始效果以及连续性产生影响,在实际设计中也会根据这些设计因子进行理性的调节,从而产生视觉流线(见图3-35)。需要注意的是,字面尺寸过于细小或连续忽大忽小容易产生视觉混乱。

图3-33 黑体的字面尺寸(红色线框)　　图3-34 印刷黑体的基本字号(局部)

图3-35 有层次大小的字面尺寸(学生习作)

3.2.3 骨架

字体的基础在于骨架,是字体设定在虚拟框中间的基本线条(见图3-36),就像人体骨骼一样,决定着字体的笔画是横平竖直还是圆润弯曲。大家体会平时书写的过程,骨架就像运笔的走势,无论使用毛笔还是钢笔,不关乎笔画的艺术装饰,难看的书写就是畸形骨架的表象(见图3-37);相反,优雅的字型则是一副完美骨架的体现。

一种字体配套一个骨架,就算十分接近的字体在骨架上也有细微的差异(见图3-38),字体的骨架具有唯一性,这也是文字类标志设计时很重要的一个地方。标志有防伪的处理功能,不能简单随性地使用一种字体来当标志(见图3-39)。在了解字体的过程中,去学习摹写经典字体时,需要细心地领会,严格遵守其中暗藏的骨架,这样才能真正触摸到经典之处。

图3-36 黑体的骨架(黄色单线)　　图3-37 学生早期习作(不适合的骨架)

图3-38　华文黑体(左)与经典黑体(右)的重叠比较　　图3-39　标志作品(陈幼坚)

3.2.4　腰线

同一字体不同字面尺寸的骨骼上附着的笔画有粗有细，这种"粗细"就是字体的腰线(见图3-40)。字体一般会用标注表示不同的腰线，标准的腰线字体称为"regular"，加粗的腰线字体称为"medium"，最粗的腰线字体则为"bold"，或者用"light"表示较细的字体，用"heavy"表示较粗的字体。所以在软件里使用字体时，发现同一个字体会有以上几种不同腰线的标注可供选择。腰线的粗细直接关系字符重量，纤细的腰线体现出字符设计的骨感，丰盈的腰线体现出字体设计的分量感。

一套设计完整的字体拥有递增式的腰线，它们有相当严谨的比例尺寸，绝对不会肆意地放大或缩小，每种腰线尺寸都会配合相应的字面尺寸，使其具备高度的视觉识别性，不相符的腰线会让人感觉十分别扭(见图3-41)。当字号相当时为突出必要的文字信息，应使用不同的腰线，这样能在视觉上感受各自不同体量和样式的字体设计，用于丰富视觉效果的层次感(见图3-42)。

图3-40　黑体腰线(笔画中红色标记)　　图3-41　过粗的腰线影响识别性　　图3-42　相同字号字体不同的腰线的文字设计

3.2.5　胸线

不同设计感觉的字体除了腰线外，笔画之间空间的长短距离是一个重要的设计因子。笔画与笔画之间留存的空间被称为"胸线"(见图3-43)，是文字设计中的重要部分，也是最能体现文字风格的设计元素，同一字号的传统字体比现代字体的胸线相对要小一些(见图3-44)。胸线过小的字体虽然看起来显得相对均匀整齐，但是当使用小尺寸字面时，会产生窄小密集的感觉，在阅读的过程中使人烦闷；相反，适当大点的胸线拥有开阔的空间，能让字体笔画自由舒展，显得更加灵动舒畅(见图3-45)。

图3-43　传统黑体"方"的胸线(红色区域)

图3-44 传统(左)与现代(右)胸线比较

图3-45 标准5号的老黑体(左)与标准5号蒙特细黑(右)

在现代字体的设计中，将胸线拉长能使字体具备现代感，体现简约开放的视觉效果，适合应用在标题或正文中；而古典传统的文字则会将胸线故意设计得相对短一些，表达凝聚内敛的厚重感，在需要集中视觉点的地方可以部分使用这种胸线小的字体，但是不适合大量出现在文字段落中，容易影响阅读的识别性和连续性。

3.2.6 衬线

在印刷字体笔画的字脚、末端、连接处以及转折处附加的艺术装饰被称为"衬线"。衬线最早源于古罗马石碑刻画时保留的线条尾端。早期的衬线概念容易区别基本的宋体与黑体，甚至可以直接说传统的黑体没有衬线(见图3-46)。从装饰的角度对字体可分为：衬线体、无衬线体和其他字体。汉字字体中的宋体字是典型的衬线体，它还有个特别的装饰名称，在书写笔画结束的地方装饰有类三角形，被称为"鳞"(见图3-47)。如今拉丁字母中的黑体字为了体现现代感中蕴含的怀旧情结，也会装饰上重新设计的衬线，这种设计在第5章中有详细的讲解。

图3-46 传统宋体与黑体　　　　图3-47 宋体字独特的装饰"鳞"

在汉字的构造中我们学习了虚拟框、字面尺寸、骨架、腰线、胸线和衬线，其中骨架、腰线和胸线是字体设计中最为重要的，它们三个在设计师的笔下共同构建富有创造力的新字体，衬线则根据需要作为点睛的艺术装饰。因此在后面的学习中，无论设计哪种字体，严谨的构造是一幅优秀设计作品的前提。

3.3 印刷字体的使用技巧

在使用印刷字体时，必须注意除了宋体、仿宋、黑体和楷体这些基础字型的字体外，每个设计师的计算机里面都装载了各个品牌的字体库,彼此之间不一样。因此,作为初学者需要记住的是,人为装载的字体属于计算机系统中后来的附加品,当作品在同一台计算机制作和表现时不存在字体的稳定问题,可一旦进行软件输出后(泛指非同一台计算机之间的输出),不能保证其他计算机也有相同的字体,结果产生设计上的极大偏差。

3.3.1 预知问题

当设计作品中含有本机上装载的字体时,容易造成的输出问题主要表现在以下几个方面。

1. 打印或印刷

设计文件传送至数码店或印刷厂时,由于字体不符出现乱码或恢复基本字体,严重时文件出错致使软件不能顺利开启。例如,书籍装帧设计(样本、画册等多页设计项目)中内页的排版上,使用不同字体有着完全不同的字符尺寸,由于字体的改变使整本书的全部版面产生移位或错版,会给设计单位和印刷厂带来不可估量的经济损失,严重影响其专业品质。

2. 非同一台计算机的再次修改

设计文件中使用特殊字体,该字体未能在其他计算机中扫描到,导致设计修改无法进行。例如,设计标题(或标志)时在某特殊字体的基础上进行的变形,由于字符未能正常显示,使现有的设计修改进程无法完成。

3. 作品沟通过程中的展示

设计文件的定稿经常需要多个方面的沟通与讨论,在最终效果未确定时,设计师为方便作品的调整会使用设计稿的源文件,字体的不稳定性会给双方带来不必要的麻烦与误会。例如,甲方指定的字体未能及时出现在确定方案的阶段上,无法进行必要的设计表达或呈现应有的效果,容易留下不尊重对方的印象。

4. 甲乙双方的方案汇报

方案汇报是充分展示设计师思想和提升设计效果的一个平台,为了体现设计的风格,会使用与之相呼应的艺术字体,如果原本使用的艺术字体无法呈现时,就会致使多媒体演示汇报的效果大打折扣。例如,PPT演示汇报时使用的投影仪,受环境和机器客观原因的影响,字体过于纤细就导致与会人员无法从大屏幕上看到应有的文字信息,使本该出彩的多媒体演示汇报无法达到预想的效果,影响整个设计团队的专业素质。

3.3.2 解决问题

如何解决上述问题呢?接下来我们从设计软件(主要针对基础软件,不包括合成软件和插件)的角度逐一找到解决的方法，它们是需要我们认真学习的实用技巧。在大学一年级计算机基础课程的学习中已经了解了位图软件与矢量软件的根本区别，矢量软件中的字体均为路径链接的，并非真实存在于设计文稿中。因此，如下技巧中的说明也会相对容易理解一些。

　　Adobe Photoshop：是这些基础软件中唯一一款制作位图的软件，相对其他软件来说最不需要担心字体变化，具备强大细致的图形制作和修改功能，几乎所有学习设计的学生都会使用它。在Photoshop中使用的特殊字体，只要不重新修改(改文字、大小等修改动作)，文字的显示没有问题，但转换字符需要谨慎处理，字体一旦"栅格化"后，字符转图符就完全改变其性质了。

　　Adobe InDesign：一款用于大批量文字作品的矢量排版软件，可制作书籍装帧、杂志编排、多页样本等版式设计。在印刷前打样校对的过程中可能需要进行多次修改，正确的做法是将InDesign的源文件在输出前进行文件打包，这样设计中所含的特殊字体和图片就能保证其正确的路径链接，以便后续人员的技术修改，使设计版面在任何情况下都不偏移、不错版。

　　Adobe Illustrator：一款进行矢量绘制、单页制作的矢量软件，可用于字体设计、标志设计、插画绘制以及单页版式设计等。无论是在设计交流还是在后期打样、印刷过程中，一个设计稿保存两种文件模式(转曲模式和非转曲模式)，文件的名称建议如"标志设计-转曲.ai"和"标志设计-源文件.ai"，确保储存时不会相互替代，输出的一定是转曲模式文件。

　　CorelDraw：与Adobe Illustrator软件功能和作用基本一致，是由Corel公司开发的矢量图形软件，使用方法同上。

　　Adobe Flash：一款经典的制作二维矢量动画的软件。特殊字体属于系统的路径链接，因此正确的做法是将字体"转换成图形"，用图符形式表现，但是需要设计师对特殊字体进行记录，以方便修改。

　　Adobe Dreamweaver：一款用于网站开发的工具，适用于多媒体网页制作的项目。因此，在设计特殊字体时，需要在Photoshop软件中制作特殊字体，保存png或bmp格式切片后，置入Dreamweaver中，简单说明就是以图片形式存在网页中。需要注意的是Photoshop制作的图片分辨率不宜过高。

　　3DS Max：一款用于多维建模和渲染的三维软件，在室内设计、建筑设计、产品设计、展示设计、网页设计和动画设计中使用。在3DS Max中涉及的字体(如产品上的品牌标志、商业空间中的企业名称)不可以直接进入修改面板中直接拉伸。技巧在于，字体初始化时为二维线状态，需要在修改面板中编辑一下二维线，使其稍作调整，此时的"字体"则变成图片，在进行下一步渲染和后期时，就不会因为建模中的字体链接导致效果与实际不符合而返工重新制作了。

　　AutoCAD：一款用于二维绘图、详细绘制和基本三维设计的软件，通用于室内设计、建筑设计、规划设计等施工图和产品设计的三视图。使用特殊字体置入AutoCAD后，应将文字的轮廓线"炸开"再"群组"，以保证字体成为后编辑的二维线。这种软件适合于展示空间中企业特殊字体等设计项目。

　　Microsoft PowerPoint：一款用于视频演示的多媒体软件，是所有设计师在汇报和交流方案过程中十分通用的手法。如果在本机(指制作此PPT的计算机)上进行播放，就不存在字体变化的问题，但实践经验告诉我们，多数情况下将使用对方提供的电子设备。为保证字体的稳定性，可将播放的PPT文件打包成CD，还可以直接刻盘在DVD影碟机中播放。

　　综上所述，各位初学者们千万别小看了文字(包括汉字与拉丁文字)输出中的各种技巧，它们是很基础的实操知识，能反映出一个设计师的专业深度。同时，这些技巧细微又实用，适合于任何一个设计专业的学生，它不需要非平面类专业的学习者将整个平面专业的所有课程都通读一番，就能轻松地解决设计道路上的小障碍。

本 章 小 结

　　本章分三个部分，其中，第一部分介绍了字体的种类，包括印刷字体和非印刷字体的历史渊源、艺术特点，并且结合现有字库一一展现；第二部分解释了汉字构造的专业名称，这些专业构造的知识对我们后续进行字体设计有极大的作用，同时也部分适用于拉丁字母；第三部分作者结合设计经验和学生们分享了印刷字体在实操过程中的使用技巧。本章的学习目的是让学生对字体设计有一个明确的系统的认识，帮助学生理论结合实际解决设计过程中的盲点。在本章中，第二部分是专业学习的重点和难点，第三部分的第二小节是实践学习的重要知识点。整章关注的焦点是"字体"设计中的构造，而由此延伸出来的设计观点用于支持第4章——汉字的创意设计，在第7章中将对字体的段落设计也就是文字排版进行详细说明。

分析优秀的汉字作品在结构上的设计特点，并举一反三进行模拟设计。

第4章

汉字的创意设计

学习要点及目标

本章主要学习如何进行汉字的设计,从思考、方式、形式进行专业的讲解,同时加入规范的设计流程,有助于学生更好的理解与掌握。

汉字设计　　象形模拟　　造型会意　　摄影拼接　　笔体共生

人类的文字皆具有形、声、义三个方面的蕴涵,其中唯独汉字最讲究字形美,以其字形之美还衍生出书法艺术,在世界其他文字中,再也找不到像汉字那样讲究书法艺术的字种了。汉字也是世界上使用人数最多的文字,只要有华人的地方就会有汉字。结合上一章讲述的字体造型,我们进入汉字的创意设计——一个集内涵文化与形态魅力共存的想象空间。

4.1　必不可少的汉字设计

现如今能看到的有形设计之中,可以没有图形或没有色彩,但一定得有文字!文字作为最基本的设计元素,从古至今都存在。汉字是使用人数最多的字种,在东南亚很多国家都有汉字的身影(见图4-1),在华人的世界里,汉字更是必不可少!据新华社的统计报告显示,目前汉字总数已经超过八万,这么庞大的文字系统背后是悠久文化的支撑与历史的积淀,素有"玩转汉字的设计大师"之称的毕雪峰曾说过:"汉字最能代表中国!"

在文字设计的形式上,汉字与拉丁字母有很大的差异,文字的数量决定了汉字不可能像字母一样形式繁多。从设计类型上分有印刷字体和特定字体(见图4-2和图4-3)。印刷字体主要是利用软件设定可以进行国际编码的通用字体,这种设计大多数以结构笔画为主,字体的独特性与易读性兼顾,所以在字库中汉字的字体远不及字母的字体数量。特定字体则是根据品牌标志、海报、包装、网页、书籍等特定项目而设计的字体,讲究个性不可通用。而汉字的造字特点更不可能在设计中过于简洁图形化,融入必要的结构骨架和文字语义才能将汉字的内涵与创新的外延在作品中表达出来,一味地追求形式只能使设计浮于表面,只有从理解中国文化的视角才能真正进行汉字的设计。

第4章 汉字的创意设计

图4-1 日本的食品包装

图4-2 印刷字体
（作者：李岩松）

图4-3 特定字体
（作者：日本白木樟）

  图4-2所示的印刷字体的设计和展示只能显示部分字体，受众可以从数量有限的字体中感受到整体的风格与特征，字体的笔画、骨架在代表字中均能体现出来。

  图4-3所示的特定字体设计考虑的设计因素更多一些，需要将品牌的文化与文字本意、形式、创意和表现效果联系在一起，其设计的字体形式不能应用于其他文字。

  汉字作为一种书写文字和传统艺术历经千年，奠定了深厚的历史和丰富的文化，它一字多意、一字多音和一字多用的语言特色在设计中让我们应接不暇。汉字的字型之优美还衍生出另一种艺术——水墨书法。所以，无论是从传统的角度还是现代的角度去思考，汉字的设计都具备相当广度的和深度的创意空间，特别是在各类平面设计项目中，汉字设计尤其重要。

  在我国，几乎所有的商业设计都涵盖有文字这一项，汉字的设计品质浓缩出一个企业的文化、形象和长期苦心经营出来的品牌，它恰当与否的设计能够影响产品在市场上的行销，左右消费者的购买行为，培养受众的品牌忠诚度(见图4-4)。汉字在众多设计里有着主导地位，它可以调整整个设计的基调与形式，图形和符号的应用都会兼顾到汉字的设计风格，在色彩的使用上也会遵循整体的视觉感受。在此，本章更多的是说明如何进行汉字的创意与设计，其衍生的文字组合设计和排版会在第7章和第8章中做专业的讲解。

图4-4 宝洁系列产品

4.2 赋予情感的汉字创意

中国古文字学家认为，汉字的发展曾经历了绘画、象形、意会、指事、形意等几个阶段，在它漫长的发展和演变中，产生了许许多多字体和字形，为汉字优美的字形塑造提供了良好的基础。汉字的创意不同于一般的设计，其一是字体的设计要受到文字本身结构的限制，创意只能在一定结构下实施；其二是它的艺术功能中往往包含着文字的意义。谙熟汉字的受众会感到汉字设计不仅在字形构成上富于变化，而且内涵中蕴藏的中国文化也相当丰富，拉丁字母或其他文字难望其项背。汉字的创意设计绝不仅仅只徒有形式，它还载负着情绪、姿态、动作、思考以及许多其他文化的情感信息，汉字设计中"象形模拟"、"造型会意"和"事有所指"的创意思路常常以这些情感因素为设计基础，这就是汉字设计中时常提到的"情感化"设计。

4.2.1 象形模拟

象形模拟是远古汉字的造字方式，以象形文字为基础创造出了当今大部分的汉字字符。象形模拟的手法是指用线条勾画事物的形态，以形表意，这也使得汉字具备了图形的功能(见图4-5)。所以，象形模拟的创意思路属于情感的直接表达，不隐藏也不晦涩难懂，用较为简单的形式直白地表达文字(或词组)的含义(见图4-6)。就像人的表情一样，喜怒哀乐全在脸上，可以透彻地抒发文字情感，相对比较适合字型简洁且含义单一的汉字设计(见图4-7)，过于深厚的内涵和复杂的字型难以用象形模拟的思路去创意。这种创意思路较之汉字的其他创意方法来说相对容易一些。

图4-5 古老的象形文字

图4-6 羊肉串

图4-7 象形模拟的汉字设计

第4章 汉字的创意设计

> 图4-6所示为"羊肉串"的汉字设计,整个设计把握住"串"的概念模拟肉串形式,以重复增加文字的内部笔画为基础,所有文字的中线垂直对齐,增强了视觉感官上的识别性。
>
> 图4-7所示的象形模拟的字体设计直接借用了象形文字的造字手法,用简约的线条勾勒出每个字符的形态,体现出可爱单纯的设计效果。

图形感最强的象形模拟能将文字情感表现得一览无余,例如,圆圆的字型能让观者感受到圆满、美好,或者留下可爱活泼的印象(见图4-8);弯曲的波纹笔画带来反复、灵动的视觉体验(见图4-9);几何形式的文字能左右人们的方向感和速度感;密集的线条能带来紧张情绪,稀疏的框架给人以空灵感(见图4-10)。象形模拟的创意手法虽然简约直白但不简单,时常考虑不同项目的受众情感需求,在设计中加入了对比的想法。例如,对于"山"的创意设计,需要考虑是气魄的山峰还是秀雅的山坡;对于"水"的创意来说,需要考虑是潺潺溪水还是澎湃的大海。不同的情感感受将设置不同的文字形态。

图4-8 圆、日、明　　　图4-9 风、水、鱼　　　图4-10 上、下、白、黑

4.2.2 造型会意

汉字的构字手法还有会意,会意就是用两个或两个以上的字组成新字,在造型上是两者合一,属于合字表意的造字方式。造型会意是以象形模拟为基础的创意思路,但是象形模拟的字型一般简洁且模拟的是文字整体,而造型会意的汉字本身为合体字,也就是说造型是文字的一部分,组成后达到会意的目的,因此在设计手法上增加了文字的字型和含义的难度。

造型会意的设计手法虽然还能看出象形模拟的影子,但是表现出来的效果却没有那么直白,属于两者都要兼顾的创意手段。它的创意思路需要考虑的因素和使用的手法会多一些。整体式的设计更贴近汉字的基本骨架,是在笔画的造型下表达汉字含义的设计手法(见图4-11)。组合式的设计是由多个造型元素组建成的会意汉字,在造型上注重造型本身与汉字含义之间的关系(见图4-12和图4-13),在布局上根据平面构成的聚散、疏密、虚实、深浅、律动、排列的形式,笔画元素或象形模拟或概括成点、线、面,在文字骨架的支持下重新设计;在会意中,将造型的结果通过色彩、质感等视觉体验来表达文字内涵(见图4-14),这些都需要考虑受众情感(见图4-15)。

图4-11 "黑纸百科"文字设计

图4-12 "黑纸辞典"切割造型

图4-13 "墨点"的造型元素

图4-14 设计元素在会意上的不同表达

图4-15 "墨运动字体设计系列"（作者：李达林）

图4-11所示的"黑纸百科"封面字体设计整体遵循字体骨架,笔画造型模仿纸张的折痕设计字脚。

图4-12所示的"黑纸辞典"封面字体设计的造型以裁切的纸片为"面"元素,应用到笔画或局部中,强调韵律多变的形式感,体现纸张组合的形式之多,呼应书籍名称。

图4-15所示的"墨运动字体设计系列"用造型各异的墨滴图形水平的排列,整体组合出"墨"字效果。

4.2.3 事有所指

汉字的指事构字法是指用象征性的符号或者以象形字为基础增加标示性元素来组成文字。例如汉字中的"一、二、三"就是用特定元素"线条"的直接指代构成的,再例如"刃"字就是在象形文字"刀"的边缘加上"点"元素构成的。

事有所指的创意来源于指事,因此这种创意思路有两种设计手法:解译原型和附加元素。解译原型的设计手法主要是以不添加其他元素为前提,在原本的字体上进行添加、省略、共用等创意,这种设计需要巧妙的构思,才能在有限的设计范围内表达清楚(见图4-16);附加元素与之相反,是利用额外添加的设计单位做出彩的效果,附加元素不宜复杂,且不可逾越主要字型(见图4-17);也有的设计手法将两者结合起来应用到设计中(见图4-18)。

图4-16 "留白"汉字设计　　　　　　　图4-17 "狠"一点

字体与版式设计

图4-18 "错位"汉字设计

  图4-16所示的"留白"汉字设计属于解释原型的设计手法。利用文字局部的全包围部分，将其中的笔画省略填白，填白部分形成大块的"面"与其他笔画的"线"形成鲜明对比，两个文字并联一块增加了填白面积，强调事有所指的设计重点，以呼应词组的含义。
  图4-17所示的"狼"汉字设计属于附加元素的设计手法。作品为金猴奖七匹狼品牌商业类获奖作品，主创文字为"狼"暗指"狼"，用衬衣扣子这个"点"元素将两个文字联系在一起。
  图4-18所示的"错位"汉字设计属于解释原型和附加元素共用的设计手法。将"错"的笔画减少，"位"的中间笔画修改成叉的图形，这是解释原型的设计点，添加的田字格与书写偏移的文字形成附加元素的手法，两者都意在突显文字本意。

  事有所指的设计手法较前两种都难一些，表达不那么直接，但是又不能太晦涩，想法需要巧妙与精准。巧妙在于不留痕迹地引导受众的思维与情绪，这就需要学生在生活中多加观察，将来源于生活细节里的习惯与喜好进行提升至设计中可以采用的元素，这样才能使受众在接受和理解作品时在认知上达到共识。精准的设计则是将受众意想不到但一点即透的情绪准确地释放出来，达到事半功倍的视觉效果，现在很多设计都应用了事有所指的设计手法。

4.3 理性可行的设计方法

  理解了汉字构造特点和学习创意思路之后，在接下来的过程中，会不断涌现出天马行空的设计方法来拓展实现大家的创意思路。但是"天马行空"有时并不实际，因为不是所有想象中的设计方法都能为我所用，还要真正能够"脚踏实地"地落实在纸面上。现在很多的设计素材都能告诉初学者，汉字设计有几种方式，例如笔画相连、局部共生等(见图4-19)，但是这些设计方式不是随意使用的，汉字构字的独特性告诉我们，在文字设计中的每个元素和每次搭配都必须有根有据，搭配的形式不要过于复杂，经不起推敲的设计手法容易误导受众使其产生歧义(见图4-20)。我们需从理性可行的角度，深入汉字本意并结合实际解构汉字的设计方法。

图4-19　笔画相连的设计方法

图4-20　"立乐?"或"音乐!"

4.3.1　魅力笔墨

书法是将笔者思想和精神融合到书写创作中的一种艺术，以激发受众的审美情感。我们都有一种书法情怀，这是欧美国家的设计师不能体会到的，也不具备的。

在汉学文化中成长起来的设计师，将"六书"中"象"和"形"拿捏适度，不脱离世间的万物，集特有的设计智慧，在传承笔墨情趣的同时还将这种情趣再次雕琢，从不同的视角将书法艺术转换成设计元素。在当代日本的设计中，他们的设计师较早地对书法进行了深入的研究，时常利用汉字和书法中的形式去概括设计元素(见图4-21和图4-22)，因此在日本有大量书法撰写的日文假名，运用在各类设计项目中。韩国也不例外，为体现事物的厚重和积淀，也会使用书法手段去表达(见图4-23)。由此可见，中国书法中的汉学文化在世界平面设计领域中有独特的影响力。

图4-21　衫浦康平的作品

图4-22　白木樟的作品

图4-23　安尚秀的作品

与之相比较，中国的设计师能从汉字本体深层次的意义中发掘蕴藏的本土文化，从而去探寻独特的设计元素和创意灵感，去表达更纯正的中国汉学文化，用书法的设计手法体现汉字设计的情感化,给受众创造一个张弛有度的视觉空间。我国很多著名的设计师都对水墨和书法情有独钟,时常应用到自己的设计作品中(见图4-24～图4-26)。

图4-24　靳埭强作品

图4-25　王序作品

图4-26　毕雪峰作品

设计中为体现汉学文化和营造笔墨气质的氛围,用墨迹点缀在字体中是独特又可行的创意手法之一,利用不同的书法笔体确保高度的原创性,这其中包括直接书写、借鉴笔体和修改书写。

(1) 直接书写采用纯手写的书法体例,再用电脑翻制成电子文件使用在各个设计中(见图4-27和图4-28),是借用名家的气场承托产品或宣传品牌,主要体现设计中传统厚重的企业背景。

(2) 借鉴笔体是指借用流传甚广的经典书法作品,将其中相关的文字(或整体或单独)提炼后进行重组,选用的作品和书法家应是众所皆知的,这种设计手法则用于特殊场合的设计(见图4-29),以提高受众的关注度。

图4-27　书法题字的设计应用

第4章 汉字的创意设计

图4-28 地产广告

图4-29 陈幼坚设计作品

(3) 修改书写分两种设计手法。其一是拆解书法，将书写的文字扫描后输入计算机进行设计，笔体还是原有书法，但是形式则大有不同，给人耳目一新的视觉感受，这种设计手法注重平面构成中的聚散、疏密和虚实(见图4-30)；其二是将印刷字体和毛笔字体的笔画相互穿插应用，采用打散重构的修改方式，在相适宜的设计点上进行创作的一种手法，特点仍然是借用书法字体的原型。字体笔画之间的穿插是构架和笔体两者相互搭配，这时骨架的设计非常重要，必须保持新字体的结构形态，构架一般采用印刷字体的主干，而有张力的笔体则由书法字体的笔画来完成(见图4-31和图4-32)，这种字体设计属于现代骨架与传统风情兼备，表达古今融合的设计氛围。打散重构的设计方式一般是将两种字体笔画全部拆开，取其中的某一部分再组合，或设计成新的字体或直接制作成背景，烘托整个设计效果。

图4-30 海报设计

图4-31 室内展示设计

图4-32 汉字"苏"的设计

> 图4-30和图4-31所示的毕雪峰设计作品采用拆解传统的书法,用现代的设计手法重新给予新的水墨语言。
>
> 图4-32所示的"苏"的汉字设计中的构架采用印刷宋体字,字间贯穿随性笔墨,印刷与书法的笔体相结合,表现出苏州传统与现代并存的城市风貌,墨迹浓淡适宜,散发出水城的人文气息。

4.3.2 古韵重现

悠久历史积淀出丰富的汉学文化,老祖宗们代代相传留存给我们太多值得传承和学习的艺术瑰宝,除了典藏的书法以外,传统建筑、吉祥纹饰、明代家具、雕刻艺术等都能给汉字设计带来不一样的创意手法。特别是吉祥纹饰,整个受汉学影响的国家和地区在设计中均能看到这类设计的影子。

1. 吉祥装饰

我国的传统纹样具备浓郁的民族特色,是数千年来流传下来的民间艺术形式,特别是吉祥装饰在日本、朝鲜等东南亚国家和国外的华人地区都深受欢迎(见图4-33和图4-34)。这种纹饰是我们以艺术的手法概括表示美好、祥瑞的形象,用来表达愿望、理想和情感,正因为如此,"福"字和"寿"字在这些纹饰数量中占有很高的比重。"福"字纹样几乎设计出所有人们的祝愿(见图4-35),"寿"字分为圆形和长形,长形富有"长寿"的意思(见图4-36)。由此可见,汉字与纹饰之间有着密不可分的关系。而这些装饰则时常用于建筑和物件上,作为汉字设计的创意手法,我们可以把文字内涵与吉祥装饰进行结合,创造出新的视觉体验。

图4-33 日本吉祥装饰字体:义、孝、禧　　图4-34 朝鲜吉祥装饰字体:龙

第4章 汉字的创意设计

图4-35 传统"福"字的设计样式

图4-36 传统"寿"字的设计样式

我国传统建筑的装饰具有典型特质,也多为表示美好的含义,是很多平面设计师的灵感之源,在汉字设计中能够采用建筑的装饰元素来创意字体(见图4-37)。装饰构件各异的造型能很好地与字体笔画相衔接,而且极富图形感,能带给我们眼前一亮的视觉效果。利用建筑装饰的构件进行设计,是需要以文字造型为根本进行融合,而不是为了装饰而装饰,因此必须符合文字的本意。一般来说,这种创意手法有相对的设计规律(见图4-38~图4-42)。

图4-37 部分窗格图案和形式

图4-38 "苏州印象"字体设计

图4-39　"杜甫草堂"字体设计

图4-41　"中式建筑"字体设计

图4-42　"家具"字体设计

图4-40　"中国居"字体设计

2．印章雕刻

仿古刻章的创意设计一般选用书法体例中的篆书、隶书，篆书相对隶书来说识别性弱一些，所以采用隶书进行的创意设计针对的受众更普遍一些(见图4-43)。在文字设计的外包围部分，不易修饰得过于平滑或过于方正，尽量体现出印章拓印的斑驳和不规则效果，采用正朱砂红的字体颜色显得真切(见图4-44)。

还有一种创意来自木版雕刻效果，选用的字体体例需要很高的识别度，笔画处理成粗犷的风格，显示出雕刻手法的原始风貌，字体的色彩或红色或黑色，冷色调(如蓝色或绿色之类)不符合传统用色的习惯(见图4-45)。

印章雕刻的创意手法可以表现多样风格，如古朴素雅或高贵奢华，除了本身汉字的设计外，在后期制作选用的印制纸张或材料上都可以将这种设计风格充分展现。

第4章 汉字的创意设计

图4-43 明清印谱

图4-44 "上品"字体设计　　　　图4-45 "谭木匠"字体设计

4.3.3 现代图语

图形丰富的视觉语言已是当代设计师们的最爱，简洁与趣味表现力使它能够超越国界准确地传递所需信息。日本的福田繁雄[①]先生就擅长用极简的图形进行设计，他的大部分作品都是采用这种设计手法完成的。现在，我们将图形加入汉字设计的手法中，让这些字体看起来更加有趣，用它独有的视觉语言来阐释汉字的内涵。

1. 表意插图

利用简洁明了的插图与汉字结合的形式进行设计，是充分体现汉字中象形模拟的一种创意手法(见图4-46)。在形式上，插图图形的样式应和字体笔画相符，尽可能地模拟出汉字的形态，插图的形态不可以大于汉字，否则就会破坏掉文字的骨架、腰线和胸线之间的构架关

---

① 福田繁雄，日本著名设计师，与德国的冈特兰堡、美国的切瓦斯特并称"世界三大平面设计师"，主张"设计中不能有多余"的设计观念，他擅长利用简约的图形去表达深刻的含义。

系，显得喧宾夺主。在色彩上，图形与文字可以选择统一色系，如需表现虚实或主次关系的汉字设计，一般字体颜色深于图形颜色；如需表现相互呼应的关系，可选用一致的色彩。除了彩色系列外，黑白正负的效果也是一种设计手段，黑色相对重一些，所以在面积上会小于白色图形。在表意上，选用的插图需做到简洁概括和清晰明了，具有较好的识别性，图形符合笔画走势，为了更好地进行解释和说明必要时可以局部点缀。

  融入文字的插图不论是形式还是色彩都需要与字体同步，且表意插图应该高度概括文字的本意。这种设计风格适合图形性较强的设计项目，对于理性科学等严谨方面的内容不易用此手法。在表意插图的创意手法中，比较经典的案例就是日本设计师广村正彰先生在东京丸井百货顶层美食街的字体设计(见图4-47)，虽然是以日语形式出现，但其中也包括了大量的汉字，且每个字体都经过重新梳理，与相应的插图结合，形象易懂。广村正彰的字体设计还扩展了原本的功能，将各种美食的种类、制作方式全部展现出来，具备强大的广告效应和视觉冲击力(见图4-48和图4-49)。

图4-46　可以象形模拟文字含义的简约插图

图4-47　东京丸井百货美食街设计(1)

图4-48　东京丸井百货美食街设计(2)

图4-49　具备广告效应的文字设计

第4章 汉字的创意设计

> **提示**
>
> 图4-46～图4-49的作品作者是广村正彰,日本著名平面设计师,毕业于武藏野美术大学,在田中一光的工作室工作十年之久,随后自立门户创建Hiromura Design工作室。他的设计风格明显,具有强烈的日本极简风格,被称为"新日本表现主义"中新生代的平面设计师,他推崇"无设计的设计"的思想,此套作品正是采用插图的方式表达国人的传统审美习惯,迎合大众情趣。

2. 符号形式

符号与插图都属于典型的现代图语,这两种创意设计的区别表现在两个方面:一是在汉字设计的画面中符号形式没有表意的插图;二是表意插图体现出汉字象形模拟的构字特征,而符号则更多的是汉字造型意会的视觉表达。符号形式的创意想法是指高度概括汉字意会中的各种表象,利用笔画本身重组造型的一种设计手段,目的在于让受众感受到复杂深邃的汉字也可以如此简约而富有趣味,具备几何形式的视觉效果。简约的符号形式可以应用在较为理性的设计中,在严谨的结构中寓意彼此之间的关系,符号形式概念化,适当控制符号形式和种类,过多的符号容易混淆结构关系,使受众不易理解原有的设计。

符号形式本身简单但在设计中却能用不同的形式去表现。例如简单的线或单纯的点都拥有不同的样式和各异的组合(见图4-50和图4-51),这些符号在特意的组合设计后都被赋予了新的含义。

图4-50 线的样式、组合

图4-51 点的样式、组合

"线"的设计手法在汉字中比较常见,比较接近笔画。"线"能给人延伸的视觉感受,还能根据粗细、单双、曲直、虚实形态分辨出主次、前后等关系。弯曲的线条显得感性而多变,设计中可以将文字笔画像曲线一样连接在一起体现主题(见图4-52);部分使用弯曲线型代替汉字笔画,一是为了突显线条与原本笔画之间的区别,二是为了彰显汉字本意,这些线条在粗细的设计上也应和原本的笔画有所差异(见图4-53);笔直的线型更具有理性的气场,或连接或分开,在骨架的设计上相对容易一些,不需要像弯曲线型一样考虑笔画之间的穿插,虚线的使用体现似断非断的连绵感觉,在整体设计上增加了虚实效果(见图4-54);附带箭头的线型在字体中给人以方向的视觉感受(见图4-55);模仿水波造型的曲线能给字体带来动感和活力(见图4-56)。

图4-52 吕敬人"书"汉字设计

图4-53 "文字表现力"汉字设计

图4-54 "谷雨"汉字设计

图4-55 "向东"汉字设计

图4-56 "水上人间"汉字设计

图4-52所示的吕敬人"书"汉字的设计,借用篆书字体,使用弯曲线型的符号设计手法,将前后笔画相连,好比一根多变的线绳与"书戏"主题相互呼应。

图4-53所示的"文字表现力"的设计中,横平竖直的笔画设计纤细,再用粗线条代替汉字有曲折的局部笔画,粗细线条的对比彰显文字内涵。

图4-54所示的"谷雨"的设计使用笔直的实线与虚线,规则的直线造型颇为理性,表达节气中科学的成分,而虚线则体现出阴雨连绵的气象,两个汉字重叠共生。

图4-55所示的"向东"汉字设计中,使用有指示方向的箭头直线,从方向形式上支持汉字含义。

图4-56所示的"水上人间"的汉字设计使用多条形式相仿的曲线,从造型上表达了动感游乐场的活力和趣味。

"点"的创意手段在汉字中多用于烘托局部的效果,"点"是最小的符号单位,多个散点可以组合成一个面,排列一排的点便形成了一条线,符号"点"具有丰富的造型能力,能组建疏密、深浅、厚重、体量等多种形态。汉字字数较多时表现出来的"点"元素增加现代感,适合现代简约风格的项目内容(见图4-57)。"点线"结合的创意在设计效果上更显活泼,亦点亦线,值得注意的是当"点线"一同出现在画面中时,它们是一动一静的关系,少量的"点"元素能迅速集中视点,但是过多"点"的也容易分散视觉注意力,因此在设计中的"点"应用需更加谨慎(见图4-58)。

图4-57 "品味宋词"汉字设计
(作者:付雷、曲迪)

图4-58 趣味十足的点线结合设计

> 图4-57所示的"品味宋词"的字体设计中,用扣子这个立体的"点"设计点缀文字局部,整体上单色细线与彩色扣子形成鲜明对比,具有强烈的现代风格。
> 图4-58所示的"京"等这一系列汉字设计在纸面上表现出点和折线之间的趣味结合。

3. 摄影拼接

现代图形还包括摄影照片,是汉字设计中比较有趣味性的设计手法,为画面凸显立体、真实的视觉感受。由于采用了实物照片,可能在字体结构上的处理不如前几种设计,因为实物不可能那么贴近汉字笔画,只是在造型上相对呼应,但是采用的照片内容和形象则完全能够解说汉字内涵,优秀摄影照片的拼接还能瞬间吸引受众,让设计绽放出应有的魅力。

摄影拼接的设计手法在处理照片与文字之间有几方面的规则:一是照片中的人物或物件

形态贴近笔画，符合字体结构，将与字体无关的图像处理掉以免影响识别效果；二是照片内容符合汉字本意，人物的肢体语言能够清楚表达和延展文字内涵，物件类别也需与文字保持一致；三是摄影照片的色调和字体两者使用同一种处理手法，才能使这种拼接不唐突，设计更加融合统一。这种设计手法适合字数较少的项目，过多的文字会因各异的照片影响效果，也会使设计师无法顾全大局，一般应用在单个汉字或标题的设计上(见图4-59和图4-60)。

图4-59 "永不止步"汉字设计　　　　图4-60 中国姓氏"张"、"陈"的汉字设计

　　图4-59所示的"永不止步"的字体设计中，将体操人物与"永"字笔画结合，用运动精神来阐释永不止步的精神。
　　图4-60所示的"张"、"陈"的汉字设计，用相关物件的照片诠释姓氏家族的内涵。

4.3.4　笔体共生

　　汉字设计中的"魅力笔墨"、"古韵重现"和"现代图语"三个创意手法主要是以汉学文化为基础，一旦站在少数民族或其他国家的角度，这些设计手法未必灵验。汉字设计的风格是多样的，除了散发出的汉学魅力外，还需要从它身上看见更大的世界，例如少数民族的风情或国际风范，那么，笔体共生的设计手法就是较好的选择。笔体共生是指当设计需要同其他民族或国家的喜好与风格相匹配时，可以借鉴该民族(或国家)的本土字体或笔画来进行创意的一种汉字设计手法。

1．国际风范

　　我国经济的高速发展，使国际品牌更加青睐这个大市场，众多外企在中国扎根，使得不同文化之间的关系越来越紧密，设计亦如此。当本土的文字设计趋于国际化时将不得不考虑中英文之间的搭配与衔接。国际品牌的中文设计和本土欧式风格的汉字设计是我们在项目中

时常遇见的，与拉丁字母的笔体共生则成为设计师们的首选。

国际品牌进入中国市场，法律规定在中国销售的产品必须有中文名称，需要重新对其品牌音译(或另设品牌名称)后进行中文设计，这样也便于受众的识别和认知，当然，也有革新后重塑品牌新形象的设计项目(见图4-61)，既贴近中国大众喜好又必须兼顾国际品牌的定位，使得这些汉字设计的局限性非常大，苛刻的条件与精良的效果并存。如何才能设计出两者兼顾的中文字体呢？著名设计师陈幼坚先生在可口可乐的设计项目中给出了最佳答案。他在汉字设计中沿用了英文字体的飘带部分，采用与其字体斜度、笔画弧度相同的设计，使中文同英文字体的风格相呼应(见图4-62)。这就是笔体共生最经典的设计手法和成功案例。

这种创意手法也适用于本土欧式风格的设计，字体一般选用衬线字体来体现欧洲的古典与精致(见图4-63)，设计的要点不在字体结构上，在于局部笔画的处理。例如，笔画"撇"会参照经典罗马字母的字型进行设计处理(见图4-64)，最大限度去呈现这种罗马字母的特点，因此，汉字的局部笔画会略大于虚拟框，且加强腰线之间的粗细差异。

CHINA-A
中国大陆（旧）

CHINA-B
中国大陆（新）

图4-61 可口可乐的中文字体(新旧)

图4-62 新版可口可乐中英文字体
(作者：陈幼坚)

图4-63 法式地产项目的字体设计

图4-64 1480年文艺复兴时期的完美字型

2002年可口可乐启用新标识，重塑使用了24年之久的传统形象，既有中国传统又兼具国际风格，陈幼坚创造出的新字体成功地融入COCA-COLAD的形象家族。

还有一种典型的笔体共生的设计手法，就是借用哥特字母的笔画特点。哥特字体是古老欧洲特有的一种字体(详见5.1.2 哥特体)，以华丽的书写风格著称，有较强的装饰线脚，这种风格还能表达黑暗、怪诞、恐怖、神秘的视觉效果。基本字型可以选择传统宋体，再将衬线和"鳞"部分向哥特字体转换(见图4-65)。

在笔体共生中，此类汉字设计注重线条、花纹的变化，常用植物的藤蔓做延展装饰，重要的是注重在细节上的处理和设计。从哥特字母上提取的装饰纹样(见图4-66)，自上而下第一个为水平笔画的衬线装饰，第二个是垂直笔画顶端或点笔画的装饰，第三个是水平笔画的起始与垂直笔画的结尾装饰，最后是垂直笔画的结尾或点笔画的装饰。汉字设计完成后，再进行整体修饰，从色彩、装饰图案上再进一步完善(见图4-67)。

图4-65　哥特体与宋体的笔画转换　　图4-66　哥特装饰　　图4-67　典型的哥特式汉字设计

2. 民族风情

接触较多的少数民族的文字一般是满文和藏文。在清代大型建筑的牌匾上均会有满文和汉文的书写(见图4-68)，博物馆里也能见到满汉双语的举人会试提名册(见图4-69)。而藏文则被人赞誉为"书写在世界屋脊上的文字"，独特的书写符号使其颇具神秘感和艺术性。

图4-68　满语"崇政殿"　　　　　　　　图4-69　举人会试提名册(满文)

以藏文为例，当汉字设计需要体现藏族风情时，那么笔体共生是最好的设计选择，既然

第4章 汉字的创意设计

选择使用藏文的笔画应用在设计中,那么就需要对各种藏文字体有所认识。由于藏文编码的问题,在一定程度上阻碍了藏文信息技术的发展和建设,在输入法和字体上发展缓慢。国家大力支持藏文化发展,在2010年由中国藏学研究中心推出了"珠穆朗玛"系列藏文字体,有利于统一和规范藏文编码丰富字体,畅通藏文网络信息传播。如果计算机系统是符合国际藏文编码标准的,就能使用这些新的藏文字体。该系列字体共有十种,分别为乌金萨钦体、乌金苏通体、珠擦体(见图4-70)、簇玛丘体、簇通体、乌金萨琼体(见图4-71)、丘伊体(见图4-72)、簇仁体(见图4-73)、柏簇体、乌金苏仁体,这些字体国际通用。

图4-70 藏文—珠擦体

图4-71 藏文—乌金萨琼体

图4-72 藏文—丘伊体

图4-73 藏文—簇仁体

这些字体的问世极大地提高了设计师的工作效率,输入字体后可以在矢量软件中进行转换和重构。分析藏文的字体特点会发现,由于藏文属于元音附标文字,源于原始迦南字母,所以在字体的书写中也有一条类似"基线"的水平轴(参见5.2.1基线),如图4-74所示。弯曲延长且粗细有差异是藏文笔画的典型特征(见图4-75),还

图4-74 藏文—乌金萨琼体中的红色水平线

有较强的手写体感觉。设计的方法与共生哥特字体的设计相同，因此，在与藏文的笔体共生中，字体特征均需在汉字的骨架、腰线、笔画和衬线的设计中表现出来(见图4-76～图4-79)。

图4-75　藏文笔画特点

图4-76　"西藏往事"字体设计

图4-77　"扎西德勒"字体设计

图4-78　"宝藏"字体设计

图4-79　"藏地密码"字体设计

4.4　多彩各异的效果表达

当字体完成构架设计后，并不代表创意过程的结束，而是进入到后期效果的处理阶段，也是汉字设计的最后一个步骤。文字是各项设计的原始素材，因此，当这些设计项目需要表达相应的视觉效果时，汉字设计的后期处理则与之呼应，烘托气氛。那么，在效果表达中我们需要遵循的原则是：不能更改字型结构与外形，效果设定源于创意思路，作品中手法统一略带变化。

4.4.1　视觉空间

在设计中空间概念一般是指二维或三维空间，二维的视觉效果在前面的例子中列举较多，一般在纸面上的空间主要是指视觉立体的设计效果。文字本为二维空间的事物，为了突破常规视觉体验，突显汉字内涵的表现力，我们在后期处理过程中赋予文字三维、立体的空间。日本著名设计师五十岚威畅甚至不惜花费15年之久研究字体的立体空间感(见图4-80),给我们带来了大量奇特的视觉设计。现如今,在计算机与软件的大力支持下,无论是哪种纸面上的空间表达都可以实现(见图4-81),插画风格的立体效果也是不错的选择,它的视错空间效果更富于奇幻的想象。

而在真实的环境空间中,视觉空间便是直接制作立体的文字。在环境中的空间处理需要注重的是某一特殊角度的立体效果设计(见图4-82),不论是多层次的凹凸处理(见图4-83),还是富有体积感的实物装置效果(见图4-84),都要根据实际的设计项目要求来进行汉字设计的后期处理。

图4-80　五十岚威畅的设计作品

图4-82　"歌赋"特殊角度的立体效果

图4-81　"城影相间"摄影展汉字设计

图4-83　"字"富有层次的凹凸设计　　图4-84　"东西"的体积感

> **提示**
>
> 图4-81所示的"城影相间"摄影展的汉字设计中,用软件制作字体的平面后进行立体拉伸,形成立体的空间,表现立体城市与空间影像之间的关系。
>
> 图4-82所示的"歌赋"的汉字设计在真实环境中将不同于一个层面的文字笔画从特殊角度进行拍摄处理,是实物环境中利用视角设计的典型技法。
>
> 图4-83所示的"字"的汉字设计采用凹凸立体设计,文字为镂空处理,透漏的部分显现出高低错落的线条,充实了"字"的设计内涵。
>
> 图4-84所示的"东西"的汉字设计是使用木材质直接制作而成的,具有装置艺术的效果。

4.4.2 表现技法

在汉字设计中需要部分表现技法来拓展设计效果。在后期设计的表现中可以使用的技法有手绘的也有计算机完成的,有手工制作的也有材质拼接的。如何使用或使用何种技法是由汉字的内涵所决定的,而且要看设计过程中能否实现。

具备艺术功底基础的学生都能很好地完成手绘技法,包括水墨、彩铅等,也有凭感觉去制作的,例如用水去晕染等(见图4-85～图4-87)。这些技法可以参照专业表现技法中所学习的各种样式去尝试和实验。软件处理的技法虽然抹去了手绘中人文的感觉,但也有后期处理上的便捷之处(可以修改等),在制作中利于反复推敲和深入研究,例如笔画的拆解、文字的叠加、打散重组等,使用软件中的滤镜效果或综合手绘共同表现文字含义(见图4-88～4-93)。

图4-85 字运动——水墨
(作者:常董)

图4-86 手绘彩铅上色

图4-87 清水晕染

第4章 汉字的创意设计

 提示

图4-85所示的字运动——水墨汉字设计是2007年GDC平面设计中国展的获奖作品，该作品采用水墨的效果演绎汉字的动态内涵。

图4-86所示的"筑迹"汉字设计用手绘彩铅上色的技法体现文字的展开意义。

图4-87所示的"诗词"系列汉字设计，用水晕染部分文字，产生虚实变化，整体效果增强了诗词的韵味。

图4-88　广东美术馆——六人邀请展(作者：毕雪峰)

图4-89　百花齐放·百家争鸣(作者：毕雪峰)

图4-90　百花齐放·百家争鸣(作者：吴伟)

图4-91　感觉(作者：潘沁)

图4-92　模糊的"有关部门"

图4-93　计算机处理的水墨方式

59

> **提示**
>
> 图4-88所示的六人邀请展的汉字设计的设计元素来源于邀请人的姓名汉字的笔画分解，借用印刷技术将笔画印制在不同页面的PVC透明膜上，产生丰富的视觉效果，烘托邀请展的设计气氛。
>
> 图4-89所示的文字使用正负形空间重叠设计，使得整体效果极具层次感，并能突显"齐放"与"争鸣"的理念。
>
> 图4-90所示的"百花齐放·百家争鸣"将文字打碎，借用拼接之间的虚拟空间体现汉字形态，表达"百花"和"百家"共同组成的主题意义。
>
> 图4-91所示的"感觉"汉字设计是2007年GDC平面设计中国展的获奖作品，作者在软件中将"感"的字型打碎，重新设定碎片之间的关系与连接，追求一种韵律的形式美感。
>
> 图4-92所示的"有关部门"汉字设计，利于软件滤镜将汉字整体制作出模糊效果，表达文案中看不清的主题含义。
>
> 图4-93所示的"乐山"汉字设计将手绘的水墨扫描到软件中进行的修改处理，既体现了汉字整体严谨的设计感，又保留了山水画的传统韵味。

手工制作与材质拼接是富有趣味的表现技法，手工制作的独特性和材料的质感都能给汉字设计的后期效果增添色彩。

纸是一种日常生活的必需品，它随手可得，能让我们书写绘画，还可裁可切、易折型，它的华丽转身能从普通的纸张变成一件艺术品，成为当今设计师和艺术家们在创意设计时喜欢使用的一种表现材质。纸质的艺术魅力感染着我们，巧妙地利用纸的特点，通过精心设计的切割、折叠与组装，能创作出一系列精彩的设计作品。汉字设计与纸艺在设计师们奇思妙想的设计中碰撞出创意的火花，使得汉字作品充满了人文气息与诗情画意，凝结出艺术的智慧(见图4-94～图4-95)。

图4-94　纸百科(作者：靳埭强)

图4-95　三峡——折叠痕迹效果(作者：吴伟)

第4章　汉字的创意设计

图4-94所示的"纸百科"品牌汉字设计，使用模仿硬质纸张的折叠设计效果来展现品牌纸艺的内涵。

图4-95所示的"三峡"利用纸张的面凸折痕，使汉字"三峡"浮出眼前。

除了纸以外，还有其他很多材质在设计表达时可供选择。根据实际项目的设计需要，只要这些材料能构成"点、线、面"的形态，就能够将材质进行粘贴、摆放或产生变化(见图4-96～图4-98)，借助摄影照片再应用到汉字设计中，从而实现我们的创意想法。

图4-96　品牌广告语——用颗粒状材质粘贴

图4-97　缝纫手法的汉字设计

图4-98　沙粒书写的立体效果(作者：陈幼坚)

4.4.3 附加装饰

为了体现汉字设计中的地域文化特点以及传统与现代的风格，通常采用附加装饰。附加装饰是一种比较直观的后期效果。

中式传统的汉字从吉祥纹饰上得到灵感，传统美好的寓意都在吉祥纹饰中得到极好的表达(见图4-99)；也有的现代风格的汉字设计会装饰一些传统概念的线条，用来体现现代品牌的传统背景，从而在颜色上向传统色调倾斜(见图4-100)。

字体中装饰的植物花纹分现代风格和古典欧式，其中卷草纹在中外纹饰发展过程中都占有很重要的地位。但古典欧洲纹饰与现代的卷草纹的区别在于其表现了两种全然不同的审美情趣：从古希腊的莲花纹、掌状叶纹、忍冬纹和茛苕叶纹(见图4-101)到古罗马和中世纪的各种变化形式，大都以一种井然有序的、等距排列的形式出现，构成一种和谐的合乎数字比例关系的美，一般比较重视被表现对象的实质性内容，所以在欧式风格的装饰汉字中都表现得整齐有序(见图4-102)；而现代的卷草纹则表现出流动的、无法以规律化数字进行计算的非实质性的意象性特征，以平面构成中的聚散疏密为美，因此现代风格的装饰字体展现出灵动活泼的视觉效果(见图4-103)。

图4-99 传统风格的装饰

图4-100 现代风格的传统装饰

图4-101 茛苕叶纹(植物与建筑装饰)

图4-102　"家宴"欧式风格的附加莨苕叶纹装饰

图4-103　"蜜塘"现代风格的装饰

　　图4-99所示的"意匠文字"汉字设计采用传统宋体，搭配中国传统的吉祥图案，整体制作出木刻拓印的斑驳效果，突显深厚的历史背景。

　　图4-100所示的"白老杂品"汉字设计采用现代黑体，将传统的装饰线条穿插在笔画中，以朱砂红搭配反白的颜色，用于加强传统的色调。

　　图4-102所示的"家宴"汉字设计借用罗马石碑的雕刻字体笔画，附加排列有序的莨苕叶纹饰，突显古典欧洲的设计风情。

　　图4-103所示的"蜜塘"汉字设计采用中等幼圆字体，搭配流动的现代卷草纹，把现代风格的装饰效果体现得淋漓尽致。

4.4.4　光影变幻

　　在日常生活中，很多设计灵感来自于我们的身边，无处不在的光线、寸步不离的影子、变幻无常的光照也成为现代设计元素的宠儿，这些变幻的光影透露出设计的魅力。光影为常见之物，但它的强弱又时时刻刻影响着视觉对物体的感知力，光的照射方向变化造成光影的不同分布，受众对物体的感知效果也会随之变化，因此便塑造出丰富多彩的视觉形象。

光影的运用体现虚实的设计理念,在这类设计效果的表达中,时常需要搭配深色的背景以突显光的形态。光的形态有点光源和线光源之分,从光的运动规律上来看也存在受众的视角点,正视图的光源便是点光,侧视图或运动的光源便形成线光源。在汉字设计的过程中,点线需合理搭配才能表现出自然梦幻的设计效果(见图4-104和图4-105)。影子是由物件与光共同形成的,因此,这种自然现象应用在设计中便反映了虚实的画面效果,可将汉字笔画处理成虚实相间的样子,体现出丰富的空间感与层次感(见图4-106)。

图4-104　点和线的光影效果(作者:吴林叶)

图4-105　造字工房——摄影手法的真实光影设计

图4-106　造字工房——利用影子处理的局部笔画

　　图4-104所示的作品《星光体》巧妙地利用光影效果,使整个字体设计犹如夜空中的点点星光,朦胧的富有层次的光晕给人一种浪漫的感觉。

　　图4-105所示的"造字工房"文字设计利用摄影手法保留光轨迹,在暗环境下体现灯光迷幻的设计效果。

　　图4-106所示的"造字工房"文字设计中虚实笔画之间很好地借用了光影进行连接设计,使字体富有层次感和空间感。

　　上述各类技法的后期设计都是遵循必要的设计要求而进行,即便是概念设计也会突显独具匠心的视觉表达，无论是汉字设计的创意思路还是后期效果，都需要设计师们细心大胆地体会与尝试，严谨创新的态度与手法，才能创作出令人眼前一亮的经典作品。

4.5 优质设计的流程解析

一个设计师要完成项目的整个设计，需要一套规范的设计流程，也许在实际的操作过程中会略有不同，但是大多数优质的设计作品都是经过前期分析、设计定向、创意构思和确定方案这四大步骤完成的，每一个步骤都肩负着不同的任务和功能。字体设计的流程也是如此，也需要经过创意草图、标准书写、方案确定、制作表现后才能最终完成，其中创意草图阶段是最为重要的。

4.5.1 创意草图

在创意草图的前期分析中，包括与甲方的详细沟通、梳理设计需求、共同确定主题。在与甲方的详细沟通过程中，设计师需要从专业的角度询问设计的具体内容与数量、甲方的设计期望与目的，设计师可以提供类似的案例供甲方参考，从专业的角度揣摩甲方的设计需求，从中提炼创意设计所必需的思路框架，以确定设计风格。

在创意草图的过程中，我们需要使用草图纸或拷贝纸、网格坐标纸、铅笔、直尺、橡皮等工具。很多初学者容易忽略这个过程，习惯直接在软件制作中推敲设计，殊不知鼠标的操作远不及草图来得方便快速，草图中的一些随性的笔触或线条能给我们带来不一样的设计灵感，纸面上的修改和推敲能保留不同阶段时期的图纸，利于设计过程中的反复对照。因此创意草图是不可忽视的一个重要过程。创意草图的推敲过程详解如下。

(1) 设定必要的虚拟框与字面，确定整体的外部形态。
(2) 构建基本骨架，确定字体的整体走势。
(3) 将腰线、胸线附着在骨架上，不断地进行思量推敲。
(4) 基本草图完成后确定是否需要衬线的装饰。
(5) 后期效果的尝试设计。

4.5.2 标准书写

草图确定后我们开始制作初稿，也就是正式的书写成品字体，这时需要规范专业的绘制，才能准确体现草图中所表达的设计想法与字体形态。拷贝纸、网格坐标纸、描图笔、直尺等在这一阶段仍然需要，圆规或曲线尺则针对笔画中的弧线、相交、衬线等局部细节(见图4-107)。在字体书写中也会有不断推敲的设计过程，它将得到一个最佳的设计作品，当完成后保留下必要的辅助线与成品字体，然后尝试绘制颜色或装饰图案(见图4-108)。

(1) 拷贝骨架是标准书写的第一步，然后需要细致地调整到适合预定设计风格的样式。

(2) 描绘字型的笔画，确定腰线、胸线以及衬线装饰。这一步骤十分重要，因为主要的字体设计初稿将在这一步骤中完成。

(3) 调节骨架、腰线和胸线三者之间的细节关系，并反复思考，以确保成品的设计质量。

(4) 二稿完成后，设计方案需要制作多个效果供甲方选择，过于单一的表达不利于设计方案的推进。

图4-107　标准的书写过程(学生习作)

图4-108　标准的成品书写模式

4.5.3　方案确定

在书写的过程中，可能会产生不同效果但基本结构一致的字体方案与甲方共同参考，根据不太相同的设计细节体现所要突出表现的目的。这些细节的主要表现有几种：一是在视觉空间、表现技法和附加装饰上的不一样；二是在色彩的使用上存在细微的差异，因为字体设计会表现墨稿和彩稿两种，这两种设计稿又分出不同的样式来(见图4-109)。方案一旦确定，就将进入手工绘制部分或最终电子源文件的软件制作程序,最终完成设计所需要的效果(见图4-110)。

图4-109　多种不同色彩和笔画处理的设计方案

图4-110　确定方案后的设计应用

4.5.4　制作表现

当完成标准的书写这一步骤后,在表现方面需要加入手工的绘制,这一部分是专业软件所无法替代的(见图4-111)。

除了手工绘制的部分外,为了字体设计应用的便捷,设计时常需要利用专业软件进行最终文件的制作。在源文件的制作中,一般选用矢量软件Adobe Illustrator,将确定的方案扫描或翻拍至软件中,再用路径勾勒出来进行调色。矢量软件中的路径调节和文件属性(矢量文件没有像素问题,可以任意缩放,适应任何制作)适合制作字体设计的电子源文件(见图4-112和图4-113)。在效果的制作处理中用位图软件Adobe Photoshop、Corel Painter等进行后期的仿真效果制作,用矢量软件Adobe Illustrator处理装饰类的设计效果。对于字体设计的初学者,应根据源文件和效果处理的各自需求选择相应的适合的制作软件。

图4-111 手绘处理的墨迹效果(作者：陆国贤)　　　　图4-112 "南北荟萃"字体设计

图4-113 地产项目的设计应用(Illustrator应用)

本 章 小 结

　　本章分五个部分，其中，第一部分讲述了汉字设计的重要性以及与字母设计的根本区别要求了解；最重要的是第二部分，本部分主要借助汉字的构字特点，引导学习者的思路，开发发散式创意思维；第三部分是本章的难点，讲述了很多关于设计方法上的重要知识点，并展开详解，列举了较为全面的设计方法，同时作者还在这些方法中提及各项注意事宜；第四部分是学生设计效果的参考部分；最后一部分用实际案例的设计过程说明这种优质流程的好处，提供给初学者一个良好的设计和学习的方法。

　　针对一个商业品牌字体进行创意设计，并撰写规范的设计说明。

第5章

拉丁字母的字体造型

学习要点及目标

本章主要学习拉丁字母的字体种类,重点是字母各个构造的学习,理解记数体系、形态以及使用规范,辅助学生后续的创意设计。

罗马体　哥特体　衬线体　文字构造

啊……英文比中文容易设计多啦!终于可以学习简单点的设计了!

各位,"单纯"地说,好像你们的想法也不错!是因为英文(拉丁字母)更接近图形,且单体字母(表音文字)又没有含义,所考虑的设计因子比汉字少得多,局限性小。但殊不知,这些看似随性设计的拉丁字母源于我们对它的不了解,"容易设计"仅仅只停留在"单纯好看"的表层,似曾听说的"哥特体"或"罗马体"也只是匆匆一瞥,印象中大致有这么个轮廓。对拉丁字母发展过程中体例的变化、特有的记数体系和标准构造的专业名称等却一概不知。

在参与国际竞赛时,也许正是你们随意设计的英文和胡乱点缀的字母让作品的专业水准大打折扣,甚至遭遇减分的风险。那如何能设计出优秀的作品来呢?那就随着本章继续深入学习吧!

5.1　拉丁字母的系统学习

人类不断的审美变化使得文字以不同的体例出现——拉丁字母字体的流变发展体现了西方各个时期艺术文化兴衰,首次出现的字体源自于最早流行的手写稿摹本。拉丁字母的字体流变有着各自的发展脉络,受文化迁移的影响,这些脉络又是错综复杂的。下面字体种类的列举和分类是用较为简单明了的方式罗列出富有特点的字体、所体现的艺术流派以及大致出现的年代。拉丁字母的"再认识"对我们的设计有很大的帮助,就像学习大篆、小篆、魏碑、隶书和楷书的先后发展顺序一样,明白字体是各个时代文化的体现,在设计中才不会随意使用。

拉丁字母的字体种类大致分为衬线体、无衬线体和其他字体。其中罗马式(衬线体的起源)和哥特式(无衬线体的基础)这两种经典的字体在拉丁文字体发展的过程中占有重要地位，对当今的字体设计仍有较深影响。本节中涉及多个时期经典的拉丁文字体，并均为这些字体标注有专业的英文，以方便学生的学习和使用。

5.1.1 罗马字体

公元前950年，腓尼基人将读音与象形文字结合创造了表音的字母，字母引入希腊，随后传到伊特鲁里亚和罗马。罗马人早期还沿用过希腊的部分字母，那时字体的形式更多是对希腊字体的摹写，公元前的经典罗马大写字体几乎和希腊雕刻字体如出一辙，而后到公元9年发现的古罗马石碑才出现初具风格的罗马字体。两种不同的起源成就了当今的拉丁字母，小写字母来源于中世纪的手写稿(见图5-1)，而大写字母就来自于罗马字体石刻碑文(见图5-2)，因此被称为"罗马式字体"(Roman)。

图5-1　卡罗林小写体手写稿　　　　　　图5-2　罗马字体石刻碑文

罗马字体受石碑刻画时笔画尾端处理的影响，在逐步进化的过程中字体保留了很多优雅的字脚(见图5-3)。根据西方历史的考证，罗马石刻碑文的大写字体就是所有衬线字体(包括汉字和拉丁文字等)的起源，笔画规整的拉丁字母均由碑文演化而来，而笔画随意的拉丁字母则是发明纸张、钢笔和墨水后才出现的。

罗马字体随后在很长的时间内发展平缓，盛极一时的哥特体(Gothic)填补了这一段时间的空白。文艺复兴是拉丁文字发展过程中的重要时刻，也是以罗马式字体为代表的衬线字体(Serif type)在发展道路上的二次重生。罗马式字体是所有衬线字体的基础，曾一度取代黑体成为大规模印刷的标准字样，可见罗马字体在拉丁字母的字体体例中所占有的重要位置。

图5-3　罗马碑文中对字体的处理手法

5.1.2　哥特字体

拉丁字母的小写体源于中世纪的手稿。追溯那些著名的手稿字体，有350年的后罗马草书和450年的半安色尔字体，到8世纪末融合古罗马的半安色尔字体和晚期斜体创造了卡罗林字体(Carolingian)(见图5-4)，小写字母有上、下伸线，字符之间不连接，首写字母使用大写或进行装饰(见图5-5)，并且一直沿用至11世纪。到11世纪末，比利时和北法兰克王国在卡罗林手写体的基础上，将精炼竖直的笔画逐渐进行夸张装饰演变为哥特小写字体，这种北欧草体迅速传播至整个欧洲大陆，大约1250年形成了早期的哥特式字体(Gothic)(见图5-6)。

图5-4　卡罗林字体小写字母　　图5-5　卡罗林小写字体(《四福音书》，约9世纪)

图5-6　早期哥特式字体

强烈的装饰线条和暗重的笔画主干就是拉丁字母的早期无衬线字体，源于中世纪的手稿的哥特体到后来演变得更加暗沉凝重，被称为"黑花字体"(Black Letter)。这些带有装饰性弯曲缀线的文字在15世纪中期由约翰·古腾堡(Johannes Gutenberg)正式制作并进行印刷，是欧洲的第一种金属活字,因此成为最早引入印刷的字体(见图5-7)。黑花字体包括:巴斯搭达体(Bastarda)、尖角体活字(Fraktur)、构造字体(Textura)、方体字(Quadrata)和建筑体(Rotunda)(见图5-8)。

图5-7　黑花字体的印刷作品

图5-8　五种典型的黑花字体(哥特字体)

这个时期的字体样式正是现代艺术家们爱不释手的经典字体,英文"Gothic"是意大利人对中世纪艺术风格的称呼,因此这一时期出现的字体均被称为"哥特体",这种字体在德法两国通用。

华丽的书写与印刷风格的结合,使得哥特式字体成为现今最难书写的字体之一。因为难以书写不易辨认(见图5-9),就像汉字数字的繁体写法一样,哥特式字体还有难以涂篡的作用(见图5-10)。这种样式一直影响着现代人们对艺术和美的追求。现如今,在很多艺术涂鸦的文字表现上,哥特式字体独特的图形语言极富表现力,流畅弯曲的笔画适合快速绘制,再经过夸张变形与多重色彩的搭配成为世界各地涂鸦艺术者通用的一种艺术字体(见图5-11)。在上海莫干山路M50创意园的前面,有国内最大的涂鸦墙,一共六百多米,也是世界上最长最完整的涂鸦墙,上面汇集了来自各地涂鸦高手的艺术作品(见图5-12)。

图5-9　哥特式字体(下)与字母标准书写(上)

图5-10　袖标用哥特字体绣写的"Brandenburg"字样

图5-11　日本名古屋(左)和美国纽约(右)街头涂鸦

　　哥特式字体是无衬线字体的基础，到后期发展的颜色越来越暗，难以阅读，到15世纪末传统的印刷字样被罗马字体所代替。到19世纪初时，大规模印刷的普及使各大印刷商基本确立了三种基础字体：罗马式字体(衬线体)、黑体(无衬线体)以及拉丁字体(带有很粗的衬线)(见图5-13)。

图5-12　M50著名的涂鸦墙　　　　图5-13　罗马字体、拉丁字体以及黑体(自上而下)

5.1.3　衬线字体

　　罗马字体并不是最早出现在印刷字样上的，哥特字体(黑花字体)在印刷早期就占有主导地位(见图5-14)。到15世纪末期欧洲文艺复兴代替了盛行一时的哥特艺术，与之相对的罗马字体在沉寂了相当长一段时期后，在人文主义时期得到重新发展，这一时期创造出了许多流传至今的经典字体。

16世纪20年代，法国印刷商、书法家若弗鲁瓦·托里(Geoffroy Tory)从达·芬奇的经典素描中产生灵感，结合自身的书法造诣，站在人体素描的角度研究这些字体(见图5-15)，并积极促使法国使用罗马字体，随后开始制作印刷字样，还传授给了克劳德·加拉蒙(Claude Garamond)。大约在16世纪30年代，加拉蒙和他的老师(巴黎的镂字师安托万·奥热罗(Antoine Augereau))创造出"法式文艺复兴衬线体"，克劳德·加拉蒙成为这一字体的关键性人物。他设计的衬线字体(见图5-16)被成功引入法国，镂字师让·加农(Jean Jannon)在他设计的衬线字体的基础上稍加修饰制成正式的印刷铅字，命名为加拉蒙(Garamond)并推向欧洲(见图5-17)，这就是著名的加拉蒙衬线字体(见图5-18)。

图5-14 谷腾堡的活字印刷作品　　　　图5-15 若弗鲁瓦·托里的字体研究

图5-16 加拉蒙衬线字体的铅活字　　　　图5-17 加拉蒙铅字

这一时刻标志着欧洲从哥特式字体正式向罗马式字体转变。这批字样印刷出大量精美的作品(见图5-19),在尺寸和形式上非常典雅,迅速占领了在拉丁字母中作为标准印刷字体的地位,直至今日仍然是所有拉丁字母字体的衡量标准。

图5-18　著名的加拉蒙(Garamond)字体

图5-19　加拉蒙印刷品

加拉蒙字体在历史上有着极大的影响,2005年,著名的Font Shop字体公司(http://www.fontshop.com)根据美学质量、使用评价和销售数量三项标准评选出"世界前100字体"排行榜,著名的加拉蒙字体荣获"最受欢迎衬线字体"的第一名。

以加拉蒙为代表的衬线老式字体(old style),随后衍生出来众多近似字体(见图5-20)。其中1989年罗伯特·斯林巴赫(Robert Slimbach)设计的Adobe garamond是克劳德·加拉蒙最准确的设计体现,还有1917年莫里斯·富勒·本顿(Morris Fuller Benton)设计的萨氏(Sabon)字体等都是很经典的作品,且沿用至今。

以意大利手写字体为基础的威尼斯衬线老式字体(old style,Venetian),也叫"威尼斯式文艺复兴衬线体",和衬线老式字体的差异甚微,只是在小写字母上衬线老式字体是水平的。威尼斯衬线老式字体轴线向左倾斜,例如"e"中间的横短笔画相对明显一些(见图5-21)。

图5-20 加拉蒙字体(左上)和衍生字体

图5-21 衬线老式字体(上)与威尼斯衬线老式字体(下)

本博体(Bembo Type)的出现使衬线字体显得更加优雅,它在处理小写横线时笔画较为纤细(见图5-22),字体由威尼斯人阿尔杜斯·马努提乌斯(Aldus Manutius)和镂字师弗朗切斯科·格里佛(Francesco Griffo)于1495年设计制成,名字源于著名人文主义学者皮特罗·本博(Pietro Bembo)(见图5-23)。本博体的设计还对语法、拼写以及字母大小写作出系统说明,这也是印刷字体第一次明确规定的语言法则(见图5-24)。

图5-22 萨氏字体(上)与本博字体(下)的比较

图5-23 本博字体(Bembo)印刷字样

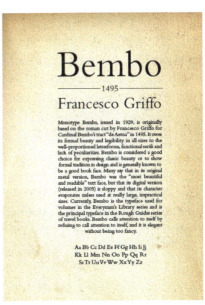

图5-24 本博字体的语言法则

融合本博体与黑花字体后演变设计的荷兰老式衬线字体(old style,Dutch),其特点是颜色较深、有较大的"X"高度和字重。1724年,来自英国的镂字师威廉·卡斯龙(William Caslon)在荷兰老式衬线字体的基础上设计出了卡斯龙字体(Caslon),这是英国第一种印刷字体(见图5-25),被称为"英式字体"。它广泛地应用在正文印刷字体中,还是1776年《独立宣言》和1787年《美国宪法》最早使用的字体。

　　同样来自英国的约翰·巴斯克韦尔(John Baskerville)是一位完美主义者，也是一位书法大师。他追求极其完美的字体形态，设计的巴斯克韦尔字体(Baskerville)(见图5-26)是"巴洛克衬线字体时期"(Barock-Antiqua)的典型代表，这个时期的字体已经正式以印刷制作工艺为前提进行设计加工了。

图5-25　卡斯龙字体印刷字样　　　　　图5-26　巴斯克韦尔字体印刷字样

　　到18世纪晚期，铜板雕刻印刷技术的进步使印刷质量不断提高，纸张变得平滑，能够印出更多细节。意大利人贾巴蒂斯塔·波多尼(Giambattista Bodoni)和法国人费尔明·迪多(Firmin Didot)在帕尔玛皇家印刷厂设计出波多尼字体(Bodoni)(见图5-27)和迪多字体(Didot)(见图5-28)，这两款字体被称为现代字体(Modern Face)，衬线与竖直笔画差异很大，非常适合标题的排版设计。

图5-27　波多尼字体　　　　　图5-28　迪多字体

　　1900年，莫里斯·富勒·本顿(Morris Fuller Benton)设计了世纪字体(Centennial)(见图5-29)，1915年，他又在桑托尔体(Centaur)(见图5-30)的基础上设计出世纪教科书字体(Century Schoolbook)(见图5-31)。本顿在美国ATF(American Type Founders，见图5-32)公司任职的35年中，在他的带领下，ATF出版的字体成为许多设计的标准，ATF还编撰了当时世界上最大的字体目录。1916年，ATF推出了Colwell Hand letter Italic字体，这是美国第一位由女性伊丽莎白·科尔维尔(Elizabeth Colwell)设计的字体。

　　这一时期的衬线字体进入"古典主义衬线体时期"(Classicism Antiqua)，达到了衬线字体发展的巅峰。工业革命以后便出现衬线字体发展的分岔口(粗衬线和无衬线字体)，其中有一种带有较粗衬线的字体——墨台衬线字体(Salb，Unbracketed)。19世纪中期出现大量的海报设计，为配合醒目的印刷效果，1930年鲁道夫·沃尔夫(Rudolph Wolf)设计出孟斐斯(Memphis)系列字体(见图5-33)，是字重全面的经典墨台衬线作品，也被称为"埃及字体"。洛克维尔(Rockwell)系列字体(见图5-34)也是当时比较典型的墨台衬线字体。

图5-29　世纪字体

图5-30　桑托尔体

图5-31　世纪教科书字体

图5-32　美国ATF公司

图5-33　孟斐斯系列字体

图5-34　洛克维尔系列字体

5.1.4 无衬线字体

在衬线字体发展的分支上，19世纪末期，无衬线字体的出现满足了为追求更醒目的广告需求。其实无衬线字体很早就存在，但是当时只有大写字体。

威廉·卡斯龙四世(William Caslon Ⅳ)于1816年首次创建了无衬线字体(Sans surryph)，又称"畸形字体(Grotesque)"。这种字体笔画对比不强，但在排版中非常醒目易读。1903年，本顿(Benton)设计的富兰克林黑体(Franklin Gothic)是美国的第一种无衬线字体(见图5-35)，1908年，他又设计出新闻黑体(News Gothic)(见图5-36)，是第一个作为字系设计的字体，1957年在瑞士设计的Helvetica(见图5-37)无衬线字体是这种字体风格中最经典的代表作品，也是世界字体排位第一的无衬线字体。在欧洲经典字样中的乌尼维斯字体(Unives)(见图5-38)具有21个不同字重，适合任何情况下的阅读。以上这些都属于畸形字体(Grotesque)的范畴。

图5-35 富兰克林黑体

图5-36 新闻黑体

图5-37 经典的Helvetica无衬线字体

图5-38 乌尼维斯字体

1925年，保罗·伦纳特(Paul Renner)设计的弗拉图字体(Futura)(见图5-39)让无衬线字体流行起来了，成为那个年代很多无衬线字体的设计原型。受包豪斯建筑学派的影响，无衬线字体非常接近几何图形而显得简约，这一时期的先锋黑体(Avant Garde Gothic)、弗拉图字体和现代畸形字体(Neuzit Grotesk)都被称为"几何图形式的无衬线字体"(见图5-40)。

图5-39 弗拉图字体

图5-40 先锋黑体、弗拉图和现代畸形字体(从上到下)

5.1.5 其他字体

除了上述我们说到的这些字体外，还有一些比较经典的字体。

例如草体，它比衬线字体和无衬线字体有趣味，比斜体字更接近于手写。在草体字中，特别是在小写字母的处理上更富人文情感，例如意大利小写手写体(Italian Miniscule)、刷装草体(Brush Script)、佩林肯草体(Pelican)、单线草体(Monoline Script)、皇家草体(Palace Script)等(见图5-41)。草体中具有很多连笔，因此在正文中不会大篇幅地使用，以免影响阅读。

图5-41 各种经典的草体

还有来源于石刻艺术的象形字体，其特点是笔画的对比较小且字腕并不完美，例如平板印刷字体Lithos(见图5-42)，还有的字体笔画字脚体现雕刻的艺术效果，十分贴近古罗马的石碑雕刻，例如图拉真字体Trajan(见图5-43)。这些字体常使用大写字母进行设计和印刷(小写字母只是间距略小)。

图5-42 平板印刷字体

图5-43 图拉真字体

受打字机效果影响设计出来的空格等宽字体(Mono space type)有着自己独特的特点，以"Monaco"和"Courier"这两种字体为例，它们每一个字符所占据的水平空间大小都一样(见图5-44)，无论是大写字母"H"和"I"、小写字母"w"和"i"，还是数字"1"和"8"，宽度都是一样的，所以在视觉感受上，"i、j"显得空间很大，而"V、W"则很拥挤(见图5-45)。

图5-44 Monaco和Courier等宽字体　　图5-45 Courier拥挤的视觉间距感受

装饰字体没有字体的体例区分，也没有时间上的界定，基本上都是根据当时设计项目的需要而创作的，用于区别正式的衬线字体和无衬线字体，以达到引人注目的视觉效果。由于不是大量地使用，所以很多字体的字符、大小写、标点和符号不全，连续多个字母在一起不易辨别，设计师们很少在正文印刷中使用。装饰字体的字母形态或精美(见图5-46)或抽象(见图5-47)，适用于字数较少的标题等设计。

图5-46　工具箱字体(Toolbox)　　　　　图5-47　较抽象的装饰字体

符号字体则并不是用来体现语言文字的,这种字体是在计算机软件的支持下制作的一字一符,且不能保证全部的字符都能输出插图和符号。1969年成立的著名的ITC(国际字样)公司激励所有的设计师创新和复兴字体,ITC的字体在全世界都可以排版使用。例如,1978年赫曼·查富(Hermann Zapf)为ITC设计的查富符号字体(见图5-48),其中没有一个字母,全部都是插图或图像。

图5-48　查富符号字体(上：大写字母,中：小写字母,下：数字)

课外知识链接

拉丁字母字体网站资源(英文)

1. http://www.fonts.com

Monotype Imaging公司旗下的在线字体交易平台,能够提供15000多种字体供选择、预览、购买和下载,还能了解与字体相关的最新信息。

2. http://www.itcfonts.com

Itcfonts公司是著名的字体公司,提供专业的字体设计与帮助。

3．http://www.linotype.com

Linotype公司是与Adobe、Monotype、ITC等并驾齐驱的著名设计公司。

4．http://www.fontshop.com

Fontshop公司是美国著名的字体网站。

5．http://www.dafont.com

Dafont公司是一家优秀的字体资源网站，以拉丁文为主，多数免费(不用于商业行为)，PC与MAC通用。

6．http://www.identifont.com

Identifont是字体目录网站，是网络上最大的数码字体目录，提供合适的字体和与字体相关的信息，非常方便用户查找。

7．http://www.azfonts.net

Azfonts是大型字体下载网站，以风格各异种类繁多著称，包括大量的哥特字体与手写字体。

5.2 拉丁字母的构造名称

英语是我们除了汉语言以外接触时间最长的一门语言体系，最初的认识和基本的读写是为了使学生更好地学习和掌握这门语言。现在将这门语言从设计的角度去重新认识。上一节详细地讲述了拉丁字母的字体、记数以及使用规范，这些与拉丁字母关系紧密的文化及起源，能帮助我们解构每一个拉丁字母，进而分解字母的每一个构造。

拉丁字母(这里泛指印刷体字体)都是以水平线为标准的文字构造，"基线"是所有西方语系都会使用的，"字母高度"、"X高度"和"上、下缘线"会让大、小写字母有个衡量的尺度，"字主干"、"字臂"、"字腕"和"字耳"都是字母笔画的组成部分，"字腔"是字母呼吸的空间，"字重"则会影响受众的识别度，"衬线"是区分拉丁字体的一个标准。

5.2.1 基线

学习拉丁字母的初期，都曾使用过印刷有四条平行线的练习本，对于这四条线的重新认识有助于掌握拉丁字母的设计。拉丁字母的构造是以这水平线为基准的，其中"基线"(baseline)是重要的标准位置(见图5-49)，拉丁字母基本上都是书写在这条水平线上面的，就好像是字母坐着的地方。当创意设计不同字体的时候，红色的基线不变，其他的水平线则根据需要进行调整。需要说明的是，拉丁字母的基线就像是一条固定的坐标，剩余线条一般是三条(富兰克林黑体)，也可能再增加一条(现代世纪字体)。

在设计的过程中，基线就像我们的水平视线一样，它的存在能使字体设计产生整体感，当字体还处于草图阶段时，基线的绘制显得尤为重要。

图5-49　基线baseline(红色水平线)

5.2.2　字母高度

拉丁字母的使用规范对大写字母在书写中已做详细说明，在字体设计的四条(或五条)水平线里，也设定了其中一条用于规范大写字母，这条线就是"字母高度"，也称"大写字母线"(cap line)(见图5-50)。这条水平线的使用限定了连续字符里大写字母的最高高度，但它不作用于小写字母。

在实际创意中，无论单词或句子中的字母是全部大写还是部分大写，字母高度都是设计参考，但如果连续字母中间出现大写，一般会参照统一的字母高度，这样不管头尾字母如何设计，中间使用相同字母高度的大写字母会给人变化中统一的感觉。

图5-50　字母高度(橘色水平线)

5.2.3　"X"高度

单个拉丁字母整体外观的尺寸取决于"X"高度，同时也是小写字母的高度标准，"X"高度(X-height)是基线与中间线之间的距离(见图5-51)。"X"高度顾名思义就是以字母"X"的小写高度为标准，因为"X"没有上下部分且笔画末端水平(见图5-52)，像"a"、"m"、"o"等也是没有上下部分的字母，但是由于它们顶端和底部都有圆弧构造，在书写时会适当超出基线和中间线，因此不宜作为标准采用。"X"高度不是一个度量单位，而是指字体的尺寸长度。每一种字体都有自己的"X"高度，同一字号的多种字体放置在一条基线上比较，彼此的"X"高度都不一样。

"X"高度的大小会对拉丁字母的大小、间距和行距产生影响。在字符数量较少的设计中，大一点的"X"高度在视觉上能扩张小写字母的体量感，加强受众的印象；但是在大篇幅文字的设计排版中，这种设计手法会缩短字符的行间距，增加版面密度，给受众阅读带来不利影响，如果一定要使用这种大"X"高度的字体，那么就需要增加相应的行间距来加大缺失的负空间。

图5-51　"X"高度

(红色基线与蓝色中间线之间的距离，蓝色箭头的长度)

图5-52　字母的"X"高度

5.2.4 上缘线

拉丁字母的书写除了"字母高度"水平线之外，还有一条给小写字母上部限定的水平线，称为"上缘线"(ascender line)，上缘线与中间线之间的高度是小写字母向上延伸的部分(见图5-53)，一般给衬线体小写字母"b"、"d"、"f"、"h"、"k"和"l"(见图5-54)的设计而准备(字脚顶端装饰会略高于字母高度)(见图5-55)，也有部分黑体的小写字母会使用上缘线。包含以上六个字母的文字设计需要在草图上平衡上缘线和字母高度之间的差异，字脚装饰如果过高，容易产生过多的视线波动，不利于整体的平衡感。

图5-53　上缘线

(绿色水平虚线与蓝色中间线之间的距离，绿色竖线的长度)

图5-54　小写字母"b"到"l"

图5-55　上缘线(绿色水平虚线)略高于字母高度(橘色水平线)

5.2.5 下缘线

拉丁字母的书写有"上缘线",相应就有"下缘线",这是一条为限定小写字母底部长度的水平线,被称为"下缘线"(descender line),下缘线与基线之间的距离是小写字母向下延展的部分(见图5-56),主要服务于小写字母"g"、"j"、"p"、"q"和"y"的设计需要(见图5-57)。由于大写字母均在基线以上,因此在设计中小写字母只需顾及彼此之间的尺度。在常见的字体作品中,设计师会将最后结束字母(例如g或y,相对比较适合此类设计手法)的底部进行拉伸并超过下缘线以作装饰。

图5-56　下缘线

(棕色水平线与红色基线之间的高度,棕色竖线的长度)

图5-57　小写字母"g"到"y"

5.2.6 字主干

拉丁字母的构造就像一棵大树,有主干有分支,字母中基本的垂直笔画或斜线笔画用于建立主要结构,其他笔画都是附着在这个结构上,因此"字主干"(stem)成为书写和设计拉丁字母的第一笔(见图5-58)。字主干在衬线字体中容易提炼,无论是垂直还是倾斜都比其他笔画要粗一些。它的功能包括支撑整体字母形态、搭建字臂、与字腕构成字腔,其重要性在于能够影响整体的字重。一组连续字母的字主干在设计中不一定是均分的,因此在草稿阶段需要细致地调整,才能得到均衡协调的设计感。

图5-58 字主干

5.2.7 字腔

字母中间全封闭或半封闭的空间在构造中被称为"字腔"(counter),"o"属于全封闭,"h"属于半封闭(见图5-59),在现代世纪字体的大写中共有"A、B、D、O、P、Q、R"7个全封闭,"C、G、H、U"4个半封闭字腔,小写中共有"a、b、d、e、g、o、p、q"8个全封闭"a、c、e、h、m、n、u"7个半封闭字腔,富兰克林黑体与其一致。这巧合的数字说明一般衬线体和无衬线体的字腔在字体构造上是一样的,唯一的区别在于细小衬线会将半封闭的字腔围合得更紧密些。

字腔的宽窄就像我们呼吸的空间,较宽的字腔给人自在舒适的感受,在没有比较的情况下,单个较窄字腔的拉丁字母给人紧实收缩的印象。如果一组连续字母的字腔设计过于窄小时,就会产生密集紧张的视觉效果,使文字段落的易读性大打折扣。

图5-59 字腔

5.2.8 字腕

无论封闭还是半封闭的字腔,都是由字母中碗状弧形线条构成的,这些包裹空间的曲线就是"字腕"(bowl)(见图5-60),它与字主干或字腔共同组成了字母中的重要结构。字腕的粗细迎合字主干,使整体字重显得协调一致,其线条的粗细也是影响字重的条件之一。字腕的弧形线条在衬线字体中,头尾的纤细与中部的粗壮相差较大,而无衬线字体的差异较小。在设计时可以利用这种较大差异的特点,对衬线字体进行夸张。需要注意的是此时字主干也要相应变化。

图5-60 字腕

5.2.9 字臂

字母的字主干经常搭载其他构造元素，与字主干只有一端连接或两端不连接(中间连接)的水平笔画则是"字臂"(arm)(见图5-61)，不是所有的字主干都会有字臂，26个拉丁字母中只有"F"、"Z"字母的大小写、"E"、"L"大写字母是一端连接的，"T"字母的大小写是两端不连接、中间连接和穿插的，因此，设计过程中可以利用这一局部特点做创意联想。

图5-61　字臂

拉丁字母还有和字臂功能相同但涉及字母不多的其他构造。

例如，"A"、"H"衬线体大写字母中间的水平细线是"横线"(bar)(见图5-62)；"g"衬线体小写字母上方字腕右边伸出的小笔画是"字耳"(ear)，连接顶端和底部字腕的笔画是"连接线"(link)(见图5-63)；"K"衬线体字母大小写和"R"衬线体大写字母的右下边笔画是"侧边"(leg)(见图5-64)；"S"衬线体字母大小写的较细笔画是"细线"(hair line)(见图5-65)，连接"细线"中间较粗的笔画是"字脊"(spine)(见图5-66)。

图5-62　横线　　图5-63　字耳和连接线　　图5-64　侧边　　图5-65　细线　　图5-66　字脊

5.2.10 衬线

"衬线"(serif)(见图5-67)的概念是所有字母构造中最早出现的，它是跨过主要笔画末端的线条。公元初年古罗马石碑上刻画的字母都带有漂亮的衬线，这是历史馈赠给我们的礼物。

现如今在计算机和软件的制作下，衬线的形式经过艺术手法修饰后显得更加规范且种类繁多。根据与笔画相连接的形态不同，衬线基本分为三种：支架衬线(Bracket Serif)、发丝衬线(Hairline Serif)和板型衬线(Slab Serif)。支架衬线(见图5-68)是老式衬线体中常见的衬线设计，笔画连接处是弯曲的形态，是传统字体的典型特征；发丝衬线(见图5-69)是现代字体中常用的衬线设计，使用较细的直线和较粗的笔画有所对比，体现现代气质；最能代表板型衬线(见图5-70)的是埃及字体，也就是上一节讲的墨台衬线字体，这种衬线像较粗壮的四边形，介于传统字体与现代字体之间，颇具怀旧风情，是19世纪到20世纪初最常用的字体。

这些衬线突破了拉丁字符的边缘，因此在字距上比无衬线字体更有空间，而笔画末端的水平衬线恰好又填补空白，丰富了字符边缘，连续衔接的衬线还能水平引导视觉流线，满足受众一目十行快速阅读的心理需求，在实践设计中更加适合大篇幅的段落排列，这也是书籍装帧设计中为什么时常使用衬线字体为正文字体的原因。

图5-67　衬线　　　　　　　　　　　图5-68　支架衬线

图5-69　发丝衬线　　　　　　　　　图5-70　板型衬线

5.2.11　字重

拉丁字母的字主干、字腕和字腔之间的比例能够决定字符的重量，也就是"字重"，字腔大的字体重量显得轻盈小巧，字腔较小的字体一般都是粗壮的黑体，显得敦实厚重。字重在字体应用时会标注为细线(light)、基本(regular)、中等(medium)、粗体(bold)和黑体(black)，如果需要设计一套完整的字体，那么我们就需要表现出同一字体五种不同标注的字重，当然，不是每个字体都拥有这么全面的标注的。

段落字体设计与排版时会使用10～12号的字母，设计师一般建议使用中等字重的字体，有利于文章的阅读。大篇幅地使用细线标注的字体容易显得苍白，而粗体和黑体则会让字腔变小，整个字母不易辨识，字主干和字臂之间的粗细差异过大也会产生强烈反差，不易集中视线，这些都会对受众的阅读带来不良影响。

5.3　拉丁字母的记数体系

5.3.1　罗马数字

拉丁文中的齐线数字是指数字的大写，就像现代中文数字体系的大写"壹"、"贰"、"叁"等。罗马数字起源来自古罗马的记数系统，由伊特鲁里亚人和希腊人创建的，比阿拉伯数字早两千多年传入欧洲。古罗马文化发展初期，人们使用手指为表示和计算工具，"一、二、三、四"分别能用相应的手指数去表达，表示"五"就用一只手，"十"就用两只手，这个习惯几乎在全世界通用。

古罗马人在文字发明前使用相同手势表达记数与数字，随后记录时也沿用这种习惯，这也是象形文字中数字的由来。罗马人在羊皮上画出像"Ⅰ、Ⅱ、Ⅲ"的图形手指代表数字"1、2、3"，表示数字"5"时，则简化手型画成"Ⅴ"(见图5-71)，这就是最古老的罗马数字雏形。随着时间的发展和字母的出现，数字的书写开始规范化，并结合当初的图画文字再借用罗马字母，最后形成今日我们看到的罗马数字。

图5-71　手型与罗马数字

罗马数字一共7个字母：Ⅰ(1)、Ⅴ(5)、Ⅹ(10)、L(50)、C(100)、D(500)以及M(1000)，早期受欧洲教会的影响没有"0"的数字字母，因此也带给其在现代记数上的缺陷。因为罗马数字这套"独特"的记数法则加上没有"0"，这种烦琐难记的书写方式不利于进行数字的演算，不会用于数字的分析表格里。在19世纪用于大写广告标语，现在只能用于记数，在公共建筑物(见图5-72)、钟表(见图5-73)、日历、章编号(见图5-74)的数字书写中使用。在表现西方传统的设计项目中常常使用到，所以学习罗马数字的记数方式有利于制作出原汁原味的作品来。

图5-72　石刻建筑上"ⅩⅣ"(14)的大写

图5-73　表盘上的罗马数字

图5-74　英文论文中的"Ⅱ"

5.3.2　阿拉伯数字

拉丁文中的旧体数字是指数字的小写，源于印度字符的阿拉伯数字(见图5-75)，是现在国际通用数字。阿拉伯人接受和学习了数字和印度式计算方法，又将这种先进的知识传入西班牙，10世纪传入欧洲其他国家，1200年左右，欧洲学者正式吸纳和采用这一计数体系，15世纪的欧洲已经普遍使用阿拉伯数字体系了。13～14世纪时传入我国，直至20世纪初才慢慢普及。阿拉伯数字原本来源印度，但阿拉伯人不遗余力地修正和推广所产生的作用，最终惠及全世界，因此被称为阿拉伯数字，也是国际通用的数字。但实际上，在很多阿拉伯国家并不经常使用这套国际通用的数字体系，他们还有一套自己的计数方式(见图5-76)，称为"阿拉伯人数字"，而且虽然数字书写和我们一样，但是文字书写却是从右向左。

图5-75　阿拉伯数字的演变

图5-76　阿拉伯国家使用的数字

5.3.3　字母数字

世界四大记数体系中，除了汉字数字、罗马数字和阿拉伯数字外，还有一种记数系统，那就是字母数字，其中包括阿拉伯字母数字、希伯来数字(见图5-77)、希腊数字(见图5-78)、亚美尼亚数字(见图5-79)、阿利耶波多数字、西里尔数字和吉兹数字。这些记数系统的构建都是以字母和先后次序代表数字与大小排位，它们之间都有相同和不同的地方，因此并不通用。以希腊字母为例，希腊数字是一套使用希腊字母表示的记数体系，一般使用在序数上(第一：A，第二：B)，在日常的生活中使用的基数词还是以阿拉伯数字为主。

阿拉伯数字	希伯来语数字的音	希伯来语数字字形
1	Aleph	א
2	Bet	ב
3	Gimel	ג
4	Dalet	ד
5	Hei	ה
6	Vav	ו
7	Zayin	ז
8	Het	ח
9	Tet	ט
10	Yud	י

图5-77　希伯来数字

字母	值	字母	值	字母	值
Α α	1	Ι ι	10	Ρ ρ	100
Β β	2	Κ κ	20	Σ σ	200
Γ γ	3	Λ λ	30	Τ τ	300
Δ δ	4	Μ μ	40	Υ υ	400
Ε ε	5	Ν ν	50	Φ φ	500
Ϛ ς	6	Ξ ξ	60	Χ χ	600
Ζ ζ	7	Ο o	70	Ψ ψ	700
Η η	8	Π π	80	Ω ω	800
Θ θ	9	Ϟ ϟ	90	Ϡ ϡ	900

图5-78　希腊数字

亚美尼亚字母	拉丁字母表示发音	相当阿拉伯数字
Ա	A	1
Բ	B	2
Գ	G	3
Դ	D	4
Ե	E / YE	5
Զ	Z	6
Է	É	7
Ը	Ë (Ə/ə)	8
Թ	T'	9
Ժ	Ž	10

图5-79　亚美尼亚数字

学习拉丁字母的记数体系能够使我们的设计师在处理设计项目时，不会产生学术性错误。其中很多重要的知识点都能够在设计创意的过程中帮助我们理清头绪，同时这些知识点还能与创意相联系。

5.4 拉丁字母的形态

从初学者的角度看待拉丁字母，这些只有字音的符号非常接近图形(见图5-80)，这种感觉是正确的，西方很多学者也是这么认为。在《字体设计原理》一书中作者Alex W. White明确指出"……我们的字母表中有三种字母形态：垂直、圆形和对角线……"。我们从结构的角度再细分一下，在26个拉丁字母的大小写中具有四种形态：垂直形态、圆圈形态、垂直弯曲的结合形态和对角线(斜线)形态(见图5-81)，这些字母形态有时候放置在一起并不那么和谐，需要我们运用设计的手法从中调和。

图5-80 三种图形感觉

图5-81 四种细分形态和其包含的大小写字母

5.5 拉丁字母的使用规范

我们在处理英文文案时经常需要一个英语专业的助手，一方面是能够及时翻译相应的文案，另一方面主要是从英语专业的角度去纠正专有名词、标题以及段落的书写格式。或者说文案是小语种文字，我们都需要专业的指导和规范的写作。这里不是强调翻译得如何准确，而是用专业和娴熟的写作模式来使项目设计得更加完美。

5.5.1 大写

拉丁文字的写作有着自己的标准，字母大写用于以下几个地方：重要的标题文字，文字在设计和排版中需要使用一定的手段来标明重点或引人注意，但应用保守设计，不易使用过于装饰性的字体；正文的首字母，用于说明正文的开始或者将正文分为几部分；整句的首字母和某些专有名词的首字母。在这里大写的书写方式比小写显得醒目一些，因此需要更加注重字体的选择与设计，要适当地进行艺术修改。

5.5.2 小写

小写字母基本用于正文书写与排版，注意小写字母的"X"高度。在设计中分普通小写字母和大型小写字母(大字母)(见图5-82)，大型小写字母要大于普通小写字母的"X"高度，在视觉效果上显得字重较大。使用大写字母比放大小写字母尺寸或字号的设计效果更好，放大的小写字母容易产生较轻的字重。设计需要时，可以使用大写字母(或者小写数字)，但是在正式的内文中，表格、图表等仍旧使用全部大写的字母和齐线数字(见图5-83)。

图5-82　普通小写字母和大型小写字母对比

图5-83　小写和大写数字的效果

5.5.3　斜体

斜体和大写有着相同的功能——强调与区分，可以用于标题、引言或外来词汇以示强调，在正文中使用较少。其特点在于倾斜过的字体有着速度与运动的设计概念，可以体现动态的视觉感受，还能表达与模仿早期拉丁文中的手写字体(见图5-84)。但正是这种较强的动感形态，使得斜体书写有一定的缺陷：倾斜的书写不如正式的字体方便阅读，影响受众视觉流线的速度，某些衬线字体斜体书写后显得字脚夸张，某些字体还容易导致字重变轻，反而使需要注意的重要内容变得随意。因此，我们需谨慎使用斜体设计。

图5-84　Pelican手写字体(上)与Fournier斜体字体(下)的对比

本　章　小　结

本章内容较多，一共分为五个部分：第一部分详细地讲解了拉丁字母的字体体例在各个时期的经典之作以及与之相应的著名字体设计师；第二部分讲述了拉丁字母的主要构造，用图文并茂的形式和设计建议进行说明；第三部分介绍了与我们常用的记数体系不同的记数体系；第四部分分析了字母的多个形态，便于从图形的角度去创意和设计；最后一部分将拉丁字母的书写进行标准和规范的使用说明。在这一章中，第一部分和第二部分最为重要，包含很多教科书中并未涉及的内容，看似简单却很实用，英文的标注便于学习者在网络和计算机上查找和使用，详细的构造分析使我们在设计时能更加理性与严谨，这是本章的重点也是难点。第三部分和第五部分是针对非英语专业的设计师们，避免在设计的过程中出现专业错误。第四部分是为第6章的学习做一个铺垫，为提前进入创意状态做好预习的准备。

分析国内外优秀的设计作品，从专业的角度理解设计师的创意概念与设计手法。

第6章

拉丁字母的创意设计

字体与版式设计

学习要点及目标

本章主要学习如何进行字母的创意设计，丰富的设计表达是字母设计的特点，加入规范的设计流程，有助于学生更好地理解与掌握。

核心概念

传统字体　　现代字体　　展示字体　　视觉空间　　形象模拟

本章导读

字母无意形有意，欧美的设计师们将任何可以借鉴使用的元素和材质都在拉丁文字的设计中不断地实验着，使得一个个精彩绝伦的作品跃入眼帘，为数不多的字母就像变形金刚，能魔幻般地扮演多种情感角色，或激情或沉静，或活泼灵动或严谨肃穆，还能产生各种形态——亦圆亦方、可虚可实，大小写与数字系统的混编也为我们提供了多种组合形式。拉丁字母的设计充满了趣味与挑战，接下来让我们在"趣味"中迎接"挑战"吧！

6.1 趣味十足的拉丁字母

汉字有它独特的设计方法和形式，这是站在理解汉学文化的前提之下，而拉丁字母的设计也有独具匠心的创意手段。拉丁字母共26个，因此很多设计师在项目中会将所有的拉丁字母逐一设计出来后再进行组合搭配，单词或词组的字母设计也能反过来应用到所有的字母中，这一点和汉字设计有着很大区别。拉丁字母是典型的表音文字，在创意中常常表现出多种设计形式，当单体出现时是独立的字母个体，组成单词或段落后具备文字含义，且分为大写、小写、大小写混合与数字系统。也正是由于这些形式，使字母的设计增添了许多趣味性（见图6-1）。

拉丁字母的设计特点是26个字母通用

图6-1 Google在不同国家节日里的字体设计

同一种风格，但在不同的创意手法上分为两种：标准书写中的基线、字母高度、"X"高度和上下缘线限定于结构型的字母设计，这类设计强调字母整体的统一性和几何形态，字母彼此有连贯性(见图6-2)；强调造型创意的字母设计则不会过多地限定在框架中，设计时更加自由，遵循统一风格的同时应用多样的设计表现，让整个单词或段落看起来活泼生动，接近插画的表达效果(见图6-3)。拉丁字母的整体字型结构简洁，在设计上也赋予了它更多创意的可行性，除了正文部分会使用到严谨易读的文字外，欧美多数设计师在字体设计上不断求新求异，借用一切可能的设计手段，来刺激我们的视觉感官(见图6-4和图6-5)。

图6-2　英国伦敦设计时Antonio Rodrigue的设计作品　　　　图6-3　荷兰阿姆斯特丹Innit工作室的设计作品

图6-4　用服装为元素的字母设计(作者：司徒慧顿)　　　　图6-5　用三维模型推敲出来的字体设计

　　图6-4所示的服装字体设计，设计师司徒慧顿用服装塑造字母形式，再利用摄影和软件制作成系列效果。

　　图6-5所示的玩具字体设计，设计师在三维软件中制作出像积木玩具一样的造型，调整彼此大小，再推敲出平面的字母效果，具有强烈的实验性。

6.2　风格迥异的字母字型

　　拉丁字母的字体除了体现自身的审美特质之外，还能表现出设计字体时的文化和年代，弗里茨·戈特莎尔克(Fritz Gottschalk)说："我认为字母是文化的缩影。"因此，在项目设计中如果涉及拉丁字母的设计,无论是在字体的创意上还是在排版上都需要呈现出专业的水准,那么,首先就需要对各种字体的风格以及它的特征做一个全面的了解与学习。这的确不像我们了解自己的文字那样,对于楷体、隶书或魏碑可以那么熟悉,不太熟悉的字体风格需要将它们分门别类,从专业的角度分析以确保在设计实操过程中的精准性(见图6-6)。按照字体风格的特点,我们将拉丁字母分成传统字体(包括人文学者体和老式字体)、过渡字体、现代字体、粗衬线字体、无衬线字体和展示字体六大类别,并将部分常用字体进行了归类。

在第5章中,我们对拉丁字母的历史演变已经做过详细的讲解,本小节主要针对分类字体的字型特点进行分析,以及列举相对应的系列字体,以供学生学习与参考。

图6-6　GERT WUNDERLICH的海报设计(作者:格特·冯德利希)

6.2.1　传统字体

传统字体又分为人文学者字体和老式字体。

人文学者字体(Humanist)的特点在于笔画粗细差异不大,笔画的衬线较粗,笔画的末端有典型的倾斜断面,其小写字母的字体轴线明显向左倾斜。尼古拉斯·简森(Nicholas Jenson)的字体被认为是人文学者字体中最为杰出的代表字体(见图6-7)。拉丁字母的字库中Centaur、Deepdene、ITC Golden Type、Guardi、Horley Old Style、Jenson、Kennerley、Lavenham、Lynton、Stempel Schneidler、Seneca、Straford和Trajanus等字体均属于人文学者字体。

老式字体(Old Style)深受人文学者体的风格影响,笔画的对比强度、末端断面和人文学者体具有相同的特征,但是明显的区别在于小写字母的字体轴线垂直于基线,抹去了手写体中的倾斜感(见图6-8)老式字体。虽然在正文字体上没有占到霸主的地位,但仍然可以发现其中很多易读且流行的适合于大段正文排版的字体,如Albertina、Bembo、Berling、Calisto、Caslon、Garamont、Garamond、Gazette、Goudy Old Style、Janson、Palatino、Poliphilus、Saton、Times New Roman等。

传统字体受当时镀字条件的限制,印刷出来的画面效果都带有传统手工和老式旧工业的质感,有丰富的人文气质但略显粗糙,体现出那个年代的时代背景(见图6-9)。如今设计师们重新使用这些古老的字体,也正是借用了传统古朴的工业气质给我们的设计带来了怀旧复古的视觉体验(见图6-10)。

图6-7　拉丁字母的人文学者字体　　　　　图6-8　拉丁字母的老式字体

图6-9　人文学者字体的设计　　　　　图6-10　现代设计中的传统字体应用

6.2.2　过渡字体

过渡字体(Transitional)是18世纪中期荷兰老式字体向现代字体过渡时期形成的,虽然保留了部分笔画末端的倾斜,但笔画之间的粗细差异逐渐增大(见图6-11),镂字技术大幅度地提升使整体字型显得棱角分明,这种类型的字体大多数都具备良好的易读性,至今仍然是正文排版设计中比较适合的备选字体(见图6-12)。过渡字体包括Appllo、Baskerville、Binny Old Style、Bookman、Century Old Style、Clarion、Demos、Electra、Fournier、Melior、Olympian、Textype、Times Europe等,这些字体都是字体库中常见的。

图6-11 拉丁字母的过渡字体

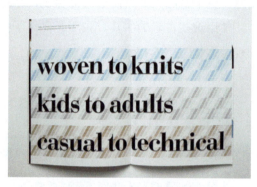

图6-12 常用的过渡字体设计

6.2.3 现代字体

现代字体(Modern)(见图6-13)最显著的特点是粗细笔画之间的差异较大，字脚多采用水平衬线，字体轴线均垂直于基线。在现代字体中，Didot罗马字体被认为是最早的现代字体。字体库中的Augustea、Bell、Bodoni、Bruce Old Style、Caledonia、Century Nove、De Vinne、ITC Fenice、Franch Round Face、Iridium、Madison、Monotype、Neo Didot和Primer都是欧美设计师们常用的现代字体。现代字体外形规整，字体对比强烈，在设计上具有明显的时代感，很多时尚杂志都会采用现代字体进行排版(见图6-14)，现代字体也会被选作一些标志性宣传册的字体(见图6-15)。

图6-13 拉丁字母的现代字体

图6-14 采用现代字体设计的杂志封面

图6-15　SUITE 212的宣传手册字体设计

6.2.4　粗衬线字体

粗衬线字体(Slab Serif)也被称作方衬线字体(Square Serif)或埃及字体(Egyptians)(见图6-16)。粗衬线字体的特点在于笔画粗且没什么变化，Antiques粗衬线字体是最早的一种粗衬线字体。此类字体还包括Aachen、American Typewriter、Beton、Calvert、City、New Clarendon、Courier、Egyptian 505、Egyptienne、Helserif、Memphis、Rockwell、Serifa、Linotype Typewriter等。粗衬线字体特点明显，字重较大，具有强烈的体量感，在设计中非常醒目，常用于标题、广告语等主要字体的设计和应用(见图6-17)。

图6-16　拉丁字母的粗衬线字体　　　　　图6-17　装饰过的字体设计

6.2.5　无衬线字体

无衬线字体(Sans Serif)在美国也被称做粗黑体(Gothics)，格罗特斯克字体(Helvetica)、几何无衬线字体和无衬线人文学者字体都属于无衬线字体。格罗特斯克字体泛指早期的无衬线字体，这些字体笔画的粗细差异细微且曲线光滑，是比较经典的无衬线字体(见图6-18)；几何无衬线字体大约产生于19世纪20年代，受到欧洲新艺术运动和德国包豪斯建筑学派的影响，字母采用几何形状构成，笔画宽度往往趋向一致(见图6-19)；无衬线人文学者字体来源于1916年爱德华·约翰斯顿(Edward Johnston)为伦敦地下系统所设计的字体，是在古罗马字体的基础上发展的，由此开创了无衬线字体设计的另一种可能(见图6-20)。字库中装载的Arial、Avenir、Bell Gothic、Bemhard Gothic、Clearface Gothic、Erbar、Eurostile、Franklin、Futura、Gill Sans、ITC Goudy Sans、Helvetica、Optima、Univers等字体都是无衬线字体(见图6-21)。

图6-18　拉丁字母的无衬线字体　　图6-19　几何无衬线字体　　图6-20　无衬线人文学者字体

图6-21　书籍内页设计

6.2.6　展示字体

展示字体(Display)是为了吸引受众的注意力而被设计出来的，可以通过字体传达信息或情绪，可以是喧闹的也可以是安静的、可以是现代的也可以是传统的、可以是高兴的也可以是悲伤的、可以是旧的也可以是新的、可以是坚硬的也可以是柔软的等(见图6-22)。英文字库中的Americana、Bank Gothic、ITC Bauhaus、Brush Script、Caslon Antique、Copperplate Gothic、Future Black、Goudy Text、Klang、Libra、Neon、Nicholas Cochin、Playbill、Post Bodoni等字体均是展示字体。

展示字体根据字型又细分为五种。一类是倾向手写风格的字体,其中包括了粗黑体(Black Letter)(见图6-23)、安色尔体(Uncial)、钢笔或刷状草体以及手写草体(斜体)(见图6-24),大部分草体的行笔连贯,笔画之间以流畅的细线相连,具有飘逸、活泼的动感和特点(见图6-25)。另外四类是衬线字体(粗衬线体)、无衬线字体、混合衬线字体和装饰字体。

图6-22 拉丁字母的展示字体

图6-23 粗黑体

图6-24 手写草体

图6-25 随性的手写草体

衬线字体(粗衬线体)中有一些是专门设计出来做标题字用的(见图6-26),一小部分也适用于正文文字;无衬线字体则极具灵活性,通过字体的大小和字重的强烈变化能表现出丰富的字体效果和质感(见图6-27);混合衬线字体一般会去模仿凿刻出来的衬线样式,其灵感来自古罗马的石碑工艺,字体的腰线多为统一的宽度,这样看起来既不像衬线字体也不像无衬线字体,但共享了两者的某些特征,因此称为混合衬线字体(见图6-28);装饰字体通常没有历史根源,其制作形式是追随多变的潮流风格而设计,用独特的个性来营造时尚的气氛,达到吸引受众注意力的目的(见图6-29)。

图6-26　适合做标题的粗衬线展示字体

图6-27　各种无衬线字体

图6-28　混合衬线字体

图6-29　形式多样的装饰字体

6.3　富于想象的字母创意

　　丰富的想象和创意来自设计师情感的融入，拉丁字母的情感设计从何而来？身兼教育家和设计师的莫迪墨·里奇(Mortimer Leach)曾经在1963年说："符合设计的字体可以描绘多种情感和心境，如坚定、力量、激进或过去的时代……设计师应该始终关注字体样式的用途而不应该只去关心哪些是当前流行的，这不是为反应迟钝的人提的建议……有许多可以使用的字体正等着被重新应用。"我们可以在传统的经典字体里面发现新的创意思路，使作品有着根源的支撑，经得起时间的推敲(见图6-30)。

　　在拉丁字母的设计中，创意的手法多种多样，手绘的、电脑制作的，还有手工材质去表现的，设计师们竭尽所能，将一切可以使用的元素和素材都通过字母设计去创意想象(见图6-31)。

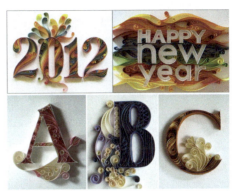

图6-30　老式字体的设计手稿

图6-31　纸艺立体字体设计
(作者：Sabeena Kranik)

6.3.1　概念图形

1．几何图形

用几何图形作为设计的基本元素和参照物来进行的字母设计，可以追溯到文艺复兴时期。早期的字体设计师们就懂得借用几何数学来使字母外形变得更加完美(见图6-32)，直至今日几何图形也仍然是设计师们常用的创意思路。几何图形概括了所有的基本图形，无论是以"面"的形式出现还是由"线"来组成字母，都能给受众不同的视觉感受。在现代的字母设计中，我们更加擅长于使用计算机来推敲点、线、面组成的几何图形。这些几何图形被应用到字母的外形、结构和笔画中，可以适当地调节字母高度和"X"高度，用于平衡几何图形的创意设计。

图6-32　文艺复兴时期的字母设计

几何图形中，圆形比较适合小写字母，在相同的"X"高度下，多数字母的字腔、字腕、侧边都可以借用"圆"的弧度，这种设计适合表现活泼、轻松的主题创意，其色彩和后期效果应处理得明快简洁，以减轻大面积的字重效果(见图6-33)；方形和三角形相对适合的书写形式多一些，大小写与数字均可应用，这种字母外形规整有度，体现严谨理性的设计感觉（见图6-34和图6-35）；在混合几何的设计里，多种几何图形能给字体增加变化与对比，避免过于统一带来的视觉疲劳，但圆形需要巧妙地应用在大写字母中，以免造成字母彼此水平空间的混乱（见图6-36～图6-38）；结构型的字体会综合应用几何形式进行创意设计，其中要注重细节与局部的处理（见图6-39和图6-40）。

图6-33　正圆图形的字母

图6-34　正方形的字母

图6-35　几何线条的数字

图6-36　混合几何图形

图6-37　强调点线面

图6-38　由混合线条组成的字母

图6-39　结构型字母设计1

图6-40　结构型字母设计2

　　图6-33所示的正圆图形的字母设计，整体字型以正圆为基本形，字腔、字腕、上下缘线的弧度与圆形相符，注重整体的基线、字母高度和"X"高度，风格统一，是典型的结构型字体，具备良好的易读性，色彩的应用与特效的制作使得字体灵活轻巧，回避了较宽字臂产生的字重感。

　　图6-34所示的正方形的字母设计，单体字母采用正方的形态，部分笔画由正度对角线完成，无衬线的设计具备强烈的现代形式感与严谨度，比较适合偏理性色彩的设计项目。

　　图6-35所示的几何线条的数字设计，1～9的数字设计整体外形类似长方形，采用混合衬线的字体，经典之处在于衬线以及夹角部位有圆弧的装饰线，且装饰线的个数同数字一致，因此数字"0"的设计采用圆形，这个设计的细节表现较好。

　　图6-36所示的混合几何图形的字母设计，整体设计将三角形、圆形和方形自由搭配组合，外形由线条组成，字腔局部填充或以点代替，给字体增添了活泼可爱的视觉效果。

　　图6-37所示的强调点线面的字母设计，设计中加大了字母高度，横竖笔画的面与线产生强烈的对比，为了避免字腔中较大的面，字母"O"采用密集的细线设计，平衡了点线面之间的关系。

　　图6-38所示的混合线条的字母设计，用粗细搭配的线条组合成各种几何形体，采用比对的色彩、深色的背景，整个字体设计突显动态效果。

　　图6-39所示的结构型字母设计1，综合应用几何图形，在兼顾字型的同时进行有规律的变化，将字母变成"面"，细节部分做狭窄的间隔，使圆润的字型中不乏细节的变化。

　　图6-40所示的结构型字母设计2，整体采用字重较轻的混合衬线体，将部分字腔进行填充，形成"面"与"线"的强烈对比，以达到吸引受众的目的。

2．认知图形

　　几何图形给人的是无边的想象，依据的是受众的经验感受，而运用认知图形的字母设计，则能给受众明确的文字指示，通过这些已知图形的拼接使文字具备准确特定的设计含义，这种设计是专为特定项目而创意的。

认知图形的创意手法有三种，一是将图形设计成字母外轮廓的样式，局部细节兼顾字型与图形，使受众感觉像是一张张的插画但又是字母，为了丰富文字含义可能会使用多个图形进行设计，这是用插画的手法来创意的字母设计(见图6-41和图6-42)；二是将多个图形进行统一处理，以相同的形式摆放在字母中，形成完整规则的外轮廓，这是以字母为主、图形为辅的创意思路，这两种创意都非常适合主题性较强的单个或少数字母，例如标志设计的项目(见图6-43和图6-44)；三是将图形以装饰的形式替换字母的笔画，字母主干部分沿用字体，用图形表示字腔或侧边等笔画，因此字体的选择将影响设计的风格，严谨或轻松，理性或感性等，有的时候更接近于几何的设计感觉(见图6-45)。无论在设计中应用哪种创意思路，我们都必须兼顾到所表达的设计含义，不是任何项目都能适合的。

图6-41　西班牙Carla Lucena插画风格的字体设计　　　　图6-42　英国Allan Deas设计师的作品

图6-43　德国TRIER大学字母的设计及应用

图6-44　德国TRIER大学的主题活动

图6-45 土耳其设计师Geray Gencer的作品

图6-41所示是西班牙Carla Lucena插画风格的字体设计,用童话般的插图绘制成26个字母,每一个字母的插画都不一样,这些插画代表一个小故事,诗一般的视觉效果,让这种灰调子的设计展现出强烈的人文气质。

图6-42所示是用丝袜为元素的字母设计,任意弯曲的腿部组成字母的主干,高跟鞋部分则用来装饰字脚的衬线,色彩对比强烈,具有典型的波普艺术的设计感觉。

图6-43和图6-44所示是德国TRIER大学的字体设计,主题为"X"的项目,设计师将与主题相关的图形处理成剪影的效果,统一填充到无衬线的大写字母"X"中去,既活跃了笔画的粗重气氛又清晰地表达了主题含义。

图6-45是土耳其设计师的作品,作者Geray Gencer选用了很多典型的建筑图形来进行字体设计,衬线字体与无衬线字体的混合搭配,让整个画面显得张弛有度,一虚一实,充分体现出设计师在字型结构设计方面的能力。

6.3.2 形象模拟

形象模拟是和概念图形完全相反的一种创意思路,概念图形强调的是字母本身,用图形来装点,而形象模拟则是用字母去组成图形或单体形似图形。这类创意设计的效果更像是在绘制插图,画面极具趣味性,与此同时,设计师们也会注意到字母易读性的问题。

组合模拟是将词组共同的外形进行修改,模拟一个具体或抽象的图形,具象图形一般是特定设计项目,将字母的字型通过透视、扭曲等变形手法,把文字附着在形体上组成可识别的物件,某些时候为了强调字体的易读性,会增加适当的装饰线条或图形(见图6-46和图6-47);抽象图形主要源于版面的需要,版式设计中的文字排列不一定都是中规中矩的,有水平或垂直的,有时候也需要活泼一点的设计风格进行调剂,因此,设计师会将大段文字整体组成非规则图形,这个图形没有具体的象征,只是根据当时版面空余部分的需要进行具体设计(见图6-48)。

图6-46 利用物体形式组合模拟的字体设计

图6-47 透视角度的组合模拟

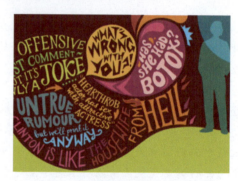

图6-48 根据版面需要的抽象图形

> 提示
>
> 图6-46和图6-47所示的这两个字体设计在字重方面应用得较好，所有突出图形立体效果的区域都使用了较粗的字体，与较细的字体形成对比，使整体画面层次显示得丰富多样。
>
> 图6-48所示的是抽象的组合图形模拟，不一定将字体完全处理成外轮廓的形式，也不用进行透视方面的变形，只针对弯曲基线进行设计，不同的字重可以强调浏览文字的先后顺序。

单体形象是将字母当成单独的个体进行设计，一个字母模拟一个形象，但彼此之间的设计风格保持一致。单体形象模拟较具象或复杂形象时，基本的字体形式不变，从而增加额外的元素，当前后的摆放顺序不同时，部分元素可做调整，属于做"加法"的设计，整体效果以字母本身的识别性为主要设计目的，但这种复杂的图形字母设计适合做标题或字数较少的段落，大段正文不易使用这种创意设计的思路(见图6-49和图6-50)。简洁形象的模拟一般不添加元素，而是将整个字母的字型进行变形模拟，甚至可以省略字腔等部分，属于做"减法"设计，在设计中必须研究单个字母的形态是否与模拟的形象接近(见图6-51)。

图6-49 独具个性的字母设计

图6-50 各种角色的模拟

图6-51 鸟形字母设计

  图6-49所示的独具个性的字体设计，左图将字母拟人化，字体作为人物主干，添加四肢，前后字母彼此之间通过站姿和手势产生相互的照应关系，当排列顺序改变，人物动作随之变化；右图在字母中添加了眼睛，赋予其丰富的表情，通过各种眼神表达设计中的视觉情感。

  图6-50所示的各种角色模拟的字体设计，以小动物为模拟对象，在字母中增添了动物的原型特征，色彩应用丰富，适合儿童类的项目字体设计。

  图6-51所示的鸟形字母设计，整体画面简洁，其中"S"的字母形态最接近小鸟的样子，因此省略一切不必要的设计元素，重点突出"S"的造型。

6.3.3 视觉空间

1．虚拟三维

  字体设计的多种创意中，既有平面的效果也有立体的样式，在纸面上通过各种手法设计推敲出来的立体效果，一般被称为"虚拟三维"，手绘与软件都能制作出来。在手绘中，可以利用绘画的线条与平面塑造立体效果，单个的字母不太容易体现出立体的效果，所以设计时一般选用26个字母或段落，线条的处理手法在同一作品中需要保持一致(见图6-52和图6-53)；在软件操作的支持下，设计师们不需要借助特殊材料，依靠熟练的建模功底与精良的材质制作也能呈现出立体字逼真的质感与体量，Maya、3D MAX、Sketch Up等软件是常见的可以建模进行渲染的专业软件，当然Photoshop软件的后期处理也很重要(见图6-54和图6-55)。

图6-52　通过字体线条的设计展示立体效果　　　　图6-53　通过字体立面的设计展示立体效果

图6-54　采用软件建模模拟的立体效果

图6-55　利用三维软件滤镜的渲染效果

　　图6-52所示的通过线条的设计展示立体效果，线条的疏密、前后关系将字体呈现出立体感觉，无论是通过手绘还是软件的形式都可以达到最终目的。

　　图6-53所示的将字体的立面做浮雕效果，通过黑白灰的光影关系表现古典雕刻的艺术质感。

　　图6-54和图6-55所示是设计师们不断地在三维软件中追求能够刺激视觉感官的设计效果，通常利用软件建模选择相应的材质进行渲染。这需要初学者掌握足够的建模和渲染能力，才能达到真实有效的视觉感受。

2. 立体实验

虚拟空间的三维字体是纸面技巧和专业软件的设计应用，但是创意思维不可能只限制于此，求新求异的设计精髓促使我们不断追求新奇的视觉效果。真实环境下的立体字设计具有很强的实验性，其创意是由各种条件共同支持的，设计师们需要利用材料、工具、制作、摄影、后期等一系列步骤来完成字体设计(见图6-56)。

图6-56　各种材质的立体字实验

在立体实验的材料中，我们经常使用纸板、木材，还有可以制作成模型的石膏，这些都是比较容易进行切割、拼装和塑形的，甚至光影也成为设计中可以利用的素材；在工具上，从普通的裁纸刀、剪子到锯子、烤箱，只要是能达到创意效果的，都是可以应用的。制作中就需要心灵手巧，手工的精细程度直接关系到设计作品的视觉效果，当然也有特意追求粗犷形式的。由于是真实的立体实验，因此，好的摄影技巧不可缺失，作品的独特角度、体量比例、光线把握、质感展现都要在按下快门的一瞬间考虑成熟，这样在后期处理时才不至于过于麻烦(见图6-57～图6-62)。

图6-57　立体空间的纸板字体

图6-58　模仿积木搭建的字母设计

图6-60　4D英文字母(巴塞罗那平面公司Lo Siento的设计作品)

图6-59　搭建参考图纸

图6-61　木质的特殊视角空间字体

图6-62　实物与光影的字体设计

 提　示

　　图6-56所示的实验材料(从左到右)为：纸张压印的凹凸圆点、颗粒粗糙的海盐、揉皱的纸张、烘焙饼干。任何材质在创意中都有可能作为设计的实验对象，对于字母的造型、单词的含义、体量与质感，是设计师不断的创新。

　　图6-57所示的是空间纸板的字体设计，纸板材质容易造型，可以将单体字母进行多层次的立体折叠，设计一个直角立面把字母刻制在不同层面的空间中，在立体的表面上利用绘制图形突出字母。这些设计都是可行的空间字体设计。

　　图6-58和图6-59所示是模仿积木搭建的字母设计。这是将几何形立体化的空间创新设计，利用木质的厚重和自然的纹理搭配出各样的字母，在理性规则的几何形态中透露出童真的趣味。

　　图6-60所示的这款4D字体是巴塞罗那平面设计公司Lo Siento的设计作品，利用石膏材料制作出多面可识别的字母，是字母结构上的设计挑战，打破二维的常规视角。

　　图6-61所示的是木块拼接的字母设计，这个设计的独特之处在于巧妙的摄影视角，因为字母的笔画并不在同一个平面空间内，只能在某一个角度才能呈现字体。

　　图6-62所示的这幅作品由美国设计师Eric Eaetzig制作完成，字体是由飘浮的纸板制成的，悬空挂在墙壁前面，受光影照射，每天每个时段都呈现出不同的视觉效果。

6.4　与众不同的表现效果

　　拉丁字母的多种创意也成就了与众不同的表现效果，当单个字母出现时，只要是能区别于其他设计，任何表达效果都可以应用在画面中，所形成的概念形象给受众无限的想象空间（见图6-63）。我们从手绘插图、装饰点缀、技法绘制、材料应用到迷离影像，将欧美设计师们层出不穷的创意表达逐一进行实例讲解。

图6-63　同一个字母各种不同的表现效果

6.4.1　手绘插图

手绘书写的字体来源已久，印刷术发明之前手抄写是文字传播的主要途径，流传甚广的古罗马草体、半安色尔字体、意大利卡罗林字体和哥特字体都是现在手绘书写字体的主要选择。手绘书写字体的特殊质感是软件效果所不能达到的，笔墨的浓淡、笔触的飞白都是在书写的过程中与纸张摩擦自然形成。此类设计的效果制作是后期通过扫描或电子翻拍才能应用到设计项目中去，不了解制作过程的初学者容易产生误解（见图6-64和图6-65）。

图6-64　手绘的古典字体　　　　图6-65　扫描后翻制的字体设计

能表达设计项目内容和风格的除了文字还有插图，插图是比较形象直观的设计元素和表达效果，字体与插图在本质上不太一样，但这两种设计元素却又常常捆绑在一起。设计师们一直在寻求两者之间共同的属性，把具象性元素的插图加入字母的设计中，使字母的整体、内部或笔画成为具备说明性的插图，其创意来源于认知图形，字体成了图形。这种设计效果经常应用在标题、特排文字、字母的设计中，正文部分受易读性的限制不会使用这种设计表达。这种表达效果分两种形式：一种是纯手绘的插画，在纸面上绘制出设定好的效果，有些精细的就像素描作品，体现出质朴复古的人文情怀（见图6-66和图6-67）；另一种是使用Adobe

Illustrator、CorelDraw等矢量软件制作的插画,结合手绘板等硬件绘制出符合需要的设计效果,这种设计仍然需要以详细的前期草图为绘制基础,特别是初学者不可过分依赖计算机和软件,具体的设计流程详见本章的第5节(见图6-68和图6-69)。

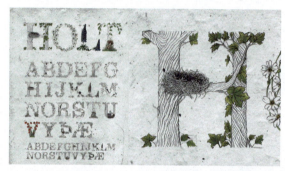

图6-66　冰岛设计师Stella Bjorg用植物元素手绘的字体　　　图6-67　捷克设计师May设计的插画字母

图6-68　矢量插画的绘制字体　　　图6-69　矢量绘制的立体插画字母

　　图6-64和图6-65所示的手绘的字体通过扫描置入到软件中,再经过规则的修饰得到最终设计文件。

　　图6-66和图6-67所示的这两种手绘插图的表达效果均采用了同一个主题——自然,但不同的设计师表现出完全不一样的设计效果,冰岛设计师Stella Bjorg的作品以线条为主,局部点缀色彩,显得清新自然,而捷克设计师May的作品中出现的头骨和器官等元素则给受众一种诡秘的氛围。

　　图6-68所示的插画装饰的字母,将字母完全当作插图的对象来进行设计制作,采用手写板与软件相结合进行绘制,带有设计师的独特风格,这种效果具备强烈的时代感和潮流性。

　　图6-69所示的立体插画字母,把字母完全设计成插图的一部分,用搭建积木的效果来体现字母的完整性,人物和环境的加入增强了整个画面的趣味性。

6.4.2　装饰点缀

　　在字体设计的项目中,客户总是强调创新的效果,但他们真正需要的不是全部的创新,而是想从现有的设计中得到延续或再设计，那么选择适合的字体来进行装饰点缀的设计表达相对适宜。装饰点缀中所选择的纹饰分为古典和现代，古典纹饰显得厚重尊贵，现代纹饰则能体现时下的流行趋势。

装饰拉丁字母的古典纹样均来自于传统的生活中，在地中海沿岸生长的莨苕叶是一种象征再生与复活的植物(见图6-70)，较好的寓意被古希腊的艺术家们广泛应用在装饰艺术中(见图6-71)。无论是拜占庭风格、哥特风格还是文艺复兴风格，莨苕叶纹饰是欧式风格中最为普遍的装饰元素，也是诸多欧式卷草纹的原始参照。由掌状叶纹演化而来的忍冬纹饰，也被古希腊乃至欧洲整个中世纪广泛地使用，之所以受到西方艺术家们的钟爱，其重要的原因是它和莨苕叶饰一样，具有合乎形式美感的曲度和富有节奏感的罗列。因此，这些源于植物的纹样成为欧洲古典传统中的主要样式，在建筑的雕刻上、器具的造型中盛行，在整个中世纪的装饰艺术中占有重要的地位。

图6-70　草本植物——莨苕叶

图6-71　莨苕叶纹饰在欧式家具中的应用

这种古典的装饰体现了设计中的尊贵与厚重，复古的设计潮流使得这些纹饰被应用到了拉丁字母的字体设计中。字体中的装饰元素大都以一种井然有序的排列形式出现，特别是受建筑装饰影响的字体设计，其装饰元素追求一种和谐的近似数字比例关系的美感，展现出设计项目的复古风格(见图6-72和图6-73)。

图6-72　植物纹饰对字体设计的影响

图6-73　建筑装饰对古典装饰字体的设计影响

> **提示**
>
> 图6-72所示的字母以植物为基础的装饰纹饰构成，整体形式温婉柔和，植物经脉疏密有致，展现出26个字母典雅的复古效果。
>
> 图6-73所示的词组局部的装饰纹样来源于建筑装饰，是老式衬线字体的变形，线条、阴影和留白的搭配，突显出字体斑驳的设计效果。

时尚现代的装饰效果在拉丁字母的设计中应用广泛，比起古典装饰来在设计表达中显得简洁，绘制的点缀图形也比传统的欧式卷草纹容易得多。一般表现的手法为夸张衬线、局部变形和附加概念装饰：夸张衬线的多用于字耳、字臂相仿的曲线线条，组成的图形装饰放大或缩小点缀在词组四周，少数点缀在其中空白处，装饰图形不宜复杂，否则会对字体的识别性产生影响；局部变形是局部使用设计软件进行变形，因此字体设计时应选择矢量软件进行效果处理(扭曲变形工具)；附加概念装饰主要针对比较规则的几何形字体，在空间较大的笔画部分增加不同于笔画的装饰图形，以调整字体效果，增加丰富的层次感(见图6-74~图6-76)。

图6-74 夸张衬线的字体设计

图6-75 局部变形的字体设计

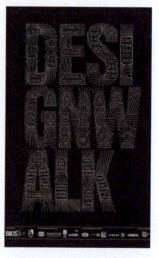
图6-76 附加概念装饰

> **提示**
>
> 图6-74所示的将字体中的衬线部分增加圆角的装饰，并统一使用，把装饰的衬线重新提炼出来，变成独立的现代装饰图形，点缀在词组中间，头尾装饰较大，局部装饰较小，以求视觉上的对比与平衡。
>
> 图6-75所示的大写字母的部分笔画变形，与背景中的环行线融合在一起，用处理后的随机线条柔化无衬线字体的刻板，同时增强海报整体活跃的气氛。
>
> 图6-76所示的除了主要部分的笔画外，用符合笔画走势的线条排列组成剩余部分，这种装饰手法使得字体产生虚实的变化，减轻厚重的无衬线字体的字重。

6.4.3 技法绘制

1. 水彩水墨

欧洲绘画中的水彩常作为艺术表现出现在字体设计中,虽是简洁的绘制或技法上的晕染,但水彩层次丰富,透明、叠加、随性的视觉效果给予字体不同的艺术内涵(见图6-77和图6-78)。中式的水墨也有独特的气韵,在不同的纸质上书写出来的效果截然不同,也让水墨效果的字体设计表现得多种多样(见图6-79~图6-82)。采用水彩水墨绘制的设计效果,纸张的选用比较重要,不一样的纸张受肌理、柔韧度、亲水性等多种条件的影响,得到的效果也不一样,可以在多种纸张上反复实验,再选择效果较好的设计进行扫描处理。

图6-77　水彩叠加的字母设计

图6-78　晕染手法的字母设计(作者:陆国贤)　　图6-79　水墨技法效果

图6-80　水墨手法的字母设计　　图6-81　水墨书写的字母设计及制作成品　　图6-82　草书的水墨效果

> 图6-77和图6-78表现的透明、轻柔是水彩颜色的设计特性，无论是上色还是特意晕染都能产生随性的效果，由于透明的特点需要在上色的过程中先浅后深，晕染时考虑前后关系，晕染越多色彩越厚重，材质上选用专业的水彩纸张，避免画面变形影响后期扫描的处理。
>
> 图6-79~图6-82所示的拉丁字母的水墨应用不必遵循中式用法，在效果的处理上，体现墨迹的浓淡、飞白即可。

2．涂鸦艺术

涂鸦(graffiti)是指在墙壁或其他平面媒介上随意涂抹绘制的文字、图形等。早期的涂鸦近似于文字行为，其中字母所占的比重很大，图形或符号为辅助装饰，是和Hip-Hop一起发展于纽约Bronx街区的，由于Bronx街区特殊的人文环境和生活状况，涂鸦变成了一种特意的反文明的行为，这时涂鸦的特点主要是简明扼要地表达文字意图，不刻意去描绘，随意性比较大。随后一些艺术家开始强调有意识的涂鸦，逐渐形成了一种街头艺术，在公寓的墙壁上、地铁的车厢表面有着大量的时常变化的涂鸦作品，其影响力也越来越大，让更多的普通受众感受到这种即兴的、充满激情的非主流艺术(见图6-83)。

字体设计也受涂鸦艺术风格的影响，很多设计作品的灵感来源于这种看似随意的艺术行为。最著名的便是Google Doodle(谷歌涂鸦)，Google网站被反复涂鸦的logo设计在全世界的网民中影响很大，而Google的设计团队则时常翻着日历，根据即将到来的特殊日子设计相应的Google Doodle，这种充满趣味的字体设计把网站与受众亲切地联系在一起(见图6-84)。有些适合这种风格的项目也会大量借鉴涂鸦的表现手法来设计字体(见图6-85)，除了字体设计的纸面上设计成涂鸦的效果外，光涂鸦也是一种非常即兴的表现，借助摄影记录下光轨迹书写的字体，后期合成形成"光涂鸦"风格的字母设计(见图6-86)。

图6-83　街头字母涂鸦

图6-84　Google Doodle(黄正穆作品)

第6章　拉丁字母的创意设计

图6-85　涂鸦效果的字体设计　　　　　　　图6-86　光涂鸦的字体设计

图6-86所示的光涂鸦通常也被称为光绘画、光影涂鸦和光电涂鸦，是一种在夜晚或黑暗的房间移手持式光源或相机产生光成图效果的摄影技术。在大多数情况下，光源并不一定要出现在作品中。依靠光线移动制造出妙不可言的形象，光涂鸦艺术由此诞生。这项诞生于街头的表演艺术，现在已经在世界范围内掀起热潮。

6.4.4　材料应用

将不用的材料应用在拉丁字母的设计中，是创意中可行性的立体实验表达，通过彩色的纸张、切割的木材、不同面料的布匹、线绳等材料，表达出设计师精湛的手工制作与巧妙的设计表达。

各种剪纸艺术拼接得到的层次与效果，是纯平面设计中不可能实现的，甚至其中还融入了互动的环节，使得拉丁字母的设计充满故事情节，这些趣味的创意、惊艳的表达给予我们在学习动手制作中很大的启示。纸的材质有多种，例如时常使用有肌理的特种纸、克数较高的纸板等，这些纸张由于质地较好，因此能在设计效果中表现出作品的品质（见图6-87～图6-91）。

RISCHIO由各种剪纸图形拼接在一起，并处理成高低错落的画面效果；CURIOSNA则设计成童话般的动物世界，字体分两层，将可爱的动物与字体下层穿插在一起。

图6-87　RISCHIO字体设计

图6-88　CURIOSNA字体设计

图6-89　纸雕文字设计

图6-90　立体纸盒拼接的英文设计

第6章　拉丁字母的创意设计

图6-91　纸板骨架构件的立体字母

有着天然纹饰的木材质也受到设计师们的钟爱，结实的体量感和自然的纹路，还可以应用在其他设计中，例如玩具设计、标牌设计、装置艺术。一般比较实用的木材质有松木(质地轻巧松软，容易切割)、集成材等，表面可以漆上色彩或清水漆，但是木材制作中需要一气呵成，返工或修补容易降低作品的质量和效果，所以草图的绘制显得尤其重要(见图6-92和图6-93)。

图6-92　可爱的木雕字体设计

图6-93　西班牙Txaber设计工作室作品
　　　　——木雕立体字母与数字

制作模型时使用的可塑软陶还有儿时的彩色橡皮泥是模拟形象和模仿质感最好的材料，可塑软陶属于人工低温聚合黏土(聚氯乙烯PVC和无机填料混合的复合物)，和橡皮泥较接近，有着很好的延展性和可塑性，于19世纪时由德国雕塑家制作并采用，随后风靡整个欧洲地区，其英文名称是Polymer Clay，"软陶"是沿用我国台湾的名称，它是手工DIY中最受欢迎的材料之一。软陶能充分满足设计师推敲造型的能力，缤纷的色彩、可聚可塑的性能，使其成为启发创造性思维的制作材料，制作成型后为长时间保存需要烤箱的烘焙(120～150℃)，成品有着优良的韧性和不易损坏的特点(见图6-94)。

还有很多其他材质，如纺织品、塑料、薄膜、铁艺甚至树叶等创意的应用，只要能符合设计项目中所需要体现的视觉效果，大家可以任意构思与应用(见图6-95～图6-98)。

图6-94　VITA(《IL》杂志)

图6-95　彩线钩织的字母设计　　　　　　图6-96　塑料构件设计的立体字母

图6-97　塑料薄膜制作的字体设计　　　　图6-98　用树叶剪切的字体设计

6.4.5　迷离影像

在前面的设计表现中，很多作品都是经过不断推敲、手工塑造而成的，下面这些则是利用摄影的手法，充分发挥设计师们善于发现、及时捕捉的能力记录下来的，特别是不加任何后期处理的自然界中巧合形成的图像，更是充满了设计和巧妙的机缘(见图6-99)。无论是自然的还是人工的光影在摄影中都是很好的表现素材，字体设计中时常需要借用多个设计手法来共同完成这些与众不同的表现效果(见图6-100)。

第6章 拉丁字母的创意设计

图6-99 自然界中的字母摄影

图6-100 红蓝双色光源产生的字体设计

图6-99所示的字母摄影作品和作品集,由德国摄影师Lisa Rienermann从45°仰望天空,在城市不同角落中拍摄到的字母作品,完全是自然与建筑的巧合构图。这套作品引起了极大的轰动,是善于发现的经典案例。

6.5 专业优质的设计制作

6.5.1 创意草图

拉丁字母的设计制作需经过创意草图、专业书写、手工制作或软件应用几个阶段,其中,创意草图是所有设计必经的过程,也是最重要的一个部分,和汉字设计一样需要在纸面上绘制、构思与推敲,需要动手制作的实验部分也是如此。

创意草图是我们头脑中闪现的灵感记录,比使用鼠标的画面更富有人情味,在字体设计中,它是所有作品开始的第一步。在这一部分中,我们需要设定一条草图用的基线,再根据创意想法将字母高度、"X"高度、上下缘线、字主干、字臂、字腕和字耳确定,把握字腔和字重的设计效果,保证字母彼此的水平空间和距离,设计相符合的衬线(无衬线字体不需要),进而推敲字体的装饰或色彩表达(见图6-101)。

图6-101 创意草图的详细过程

列举的草图方案是一个比较完整的推敲过程。

(1) 绘制基线，书写出基本的字母高度、"X"高度、上下缘线、字主干、字臂、字腕和字耳。

(2) 不断修改的小写字母草图，细化原始草图中的必要部分。

(3) 数字系列中墨印效果测试。

(4) 基本完成初稿效果，清理不必要的辅助线条，强化字面效果。

(5) 选择效果较好的字母进行单词的组合设计。

(6) 整体段落与不同排列效果的应用。

6.5.2 专业书写

当创意草图确定下来后，要书写专业的墨稿，之所以先绘制墨稿，原因就是当设计处于黑白对比的状态时，比较能容易发现字体设计中的不足与差异。墨稿完成后经过多次验证觉得相对完美了，设计师才可能进行软件的上色、手工制作的效果表达。专业书写一般使用到的工具有粗细不同的黑色描图笔、透明拷贝纸、网格坐标纸、直尺、橡皮和垫板等。

在专业书写的过程中，不同的创意思路会让这一步骤或复杂或简单。在结构型的字体设计中，墨稿的书写制作需要将勾勒的字框涂黑或者用单线描绘，完成后擦去铅笔画的草稿框(见图6-102)；设计型字体则先要用铅笔书写字稿，再进行反复修改，最后用描图笔将确认的字体上色(见图6-103)；装饰类字体书写需要较细的描图笔修饰纹理，如果是较为复杂的古典装饰字体，需要使用拷贝纸在草图的基础上进行设计推敲(见图6-104)；模仿传统草体的字体设计，则选择软泡沫头的上色笔，书写出来的画面效果比较均匀平整(见图6-105)；选择通过软件上色制作的字体书写，是在自制的网格坐标纸面上绘制出字体线框，通过扫描仪转电子文件，置入矢量软件中进行设计的(见图6-106)。

图6-102　结构型字体的制作　　　　　　　　图6-103　设计型字体的制作

图6-104　古典装饰字体的制作

图6-105　模仿传统草体字体的制作　　　　图6-106　计算机扫描制作

6.5.3　手工制作

有了创意草图和想要表达的效果后，手工制作与后期拍摄得到的字体设计更富有挑战意义，因为这个制作的过程可能需要反复地实验，要求设计师具有较强的动手能力，对材料、工艺和技术有丰富的认识和把握程度，以及制作中成本的控制和后期效果的预知能力(见图6-107)。

图6-107　Mons Ters立体字设计

6.5.4　软件应用

很多软件都可以为字体设计服务，不仅仅限制于Adobe Photoshop、Adobe Illustrator等平面设计软件，三维软件Maya、3DS Max等也可以进行字体设计。实操项目中软件的应用一般是模拟真实质感的设计需要，如仿真的立体、水晶、火焰等实景照片中才能得到的效果(见图6-108)，关于软件制作中字体的注意事项在本书3.3.2小节中做过详细讲解。

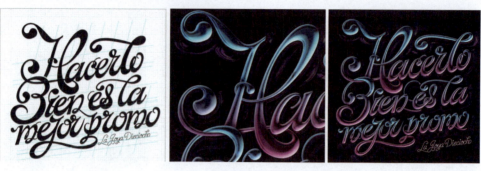

图6-108　项目用软件制作的过程

本 章 小 结

　　本章分五个部分，第一部分讲述了拉丁字母设计的实验性和趣味性；第二部分详细分析了不同字体的特点与应用；第三部分提供了大量可行性的设计方法与创意思路；第四部分是字母多样的创意表达；第五部分说明了字母设计中的几个阶段。在这五个部分中，第一部分和第二部分作为学习和了解；而最重要的部分是第三部分和第四部分，对字母设计的创意与表现做了大量的解析，列举出经典案例，结合图例说明供学生理解；第五部分是学习的难点，强调了设计中的动手能力，作为专业的优质的制作讲解，也提供给初学者一个正确书写拉丁字母的方法。

　　设定一系列字母进行创意设计，并撰写规范的设计说明。

第 7 章

版式设计概述

字体与版式设计

学习要点及目标

通过本章的学习来理解版式设计的目的和原则,细化文字编排的各种形式,同时对版式设计的图形与色彩应用进行了解与学习。

版式设计　单一性　艺术性　整体性　文字编排

现在我们进入第二个板块的学习——版式设计。在第1章中曾对版式设计的重要性做过明确的说明,版式设计不仅仅是一门平面设计方面的课程,还是所有设计类学生需要了解的一项专业知识。版式设计能使我们的方案更加清晰地展示在受众面前,逻辑性的编排能引导受众更好地理解设计的初衷与创新。它使我们设计的画面效果不仅符合受众的常规审美,还能出其不意地产生独特的吸引力。

7.1　版式设计的基本原则

版式设计涵盖了文字、图形和色彩等多种设计元素,它像一个领导者和组织者,将众多的设计元素按照一定的规则和原理进行配置,进而形成优质完整的设计画面,所以这项工作充满协调与挑战的意义。从实际操作的角度设计版面,作为一名专业的设计师,是通过设计作品来显现自我风格与职业水平;从项目的角度审视版面,设计必须遵循甲方的合理要求,并简洁明了地传达制作目的;从市场的角度考量版面,对于普通受众,既要满足他们视觉的刺激需求,还要帮助其理解其中含义;从专业的角度研究版面,不为了版面而设计多余装饰,不画蛇添足、过于花哨或缺乏创意以致形式简单。因此,我们需要活用严谨的设计原理、加入专业的视觉语言、选择易懂的表达手法,在版面中透露出设计的智慧与独特魅力。

版式设计要做到以上几点,就要熟知和掌握基本的设计原则:版式设计的单一性、艺术性和整体性。

7.1.1　单一性

单一性是指在版面的设计主题上清晰明了,目的是在于顺利传达信息,快速吸引受众并帮助其理解设计内容。判断版面的好坏不是脱离实际内容单纯地研究版式设计，是为最终的单一的目的而集中创意，只有这样才能明确传播客户信息，做到增强受众的注意力和理解力，所以，单一性是针对版式设计根本目的的设计原则。

在设计的过程中，对字体、图形和色彩的选择都围绕这一根本目的进行，避免让人产生想象偏移、理解歧义的设计因子。当设计项目内容烦琐复杂时，尽量选择理性概括的元素，一般文字是最好的表达，如果主题较统一，可以选择有代表性的图片，有时图片会过于具象，也容易局限受众的理解和想象，反而得不偿失(见图7-1);当设计项目内容简洁元素单一时(甲方时常不能提供大于我们需要的设计素材，设计师要为客户挑选与其想法相近的素材应用在版面中),为丰富视觉效果，会装饰一些紧扣主题的元素，用来支撑过于单薄的画面效果(见图7-2和图7-3)。

图7-1　国际特赦研究组织香港年度报告的版式设计

图7-2　甲方提供的文字素材

图7-3　品牌策划案的PPT多媒体汇报设计(作者：周雅琴)

图7-1所示是年度报告的版式设计，年度报告涉及的方面较多，不可能都在封面或扉页上全部出现，或者引用某一个事件的图片，这样的版式设计会让人感受到重点不突出，所以在封面和扉页的版式设计中，只选择文字与色彩搭配，将主题突出且信息单一化，而内页则采用不同开本，通过表现报告内容的丰富性来诱导读者阅读。

图7-2和图7-3所示是PPT多媒体的版式设计，由于是策划案因此没有任何图片或色彩，甲方只提供纯文字资料，设计师采用概念的圆圈图形与素蓝的颜色进行版式设计，增加标题、眉头等细节设计，在目录部分则选用分割线、深浅颜色来突出重点和表达阅读层次。

7.1.2 艺术性

设计中怎能缺少艺术性呢？设计的艺术性是我们一直追求的，它体现了视觉效果中的审美、趣味与独创，是版式设计中最感性的部分。当所有突出主题的设计因子集合在一起，艺术性的因子将它们进行搭配、排列则成为版面的设计核心。审美的艺术性取决于设计师的文化涵养和艺术情操，这是一个比较艰难的过程，是在不断否定自我的同时做最大的品质提升，平衡个人与大众之间的美感差异；趣味的艺术性是指版面在形式上的情趣，除了美感还要有趣的手法用于幽默或抒情，不必依赖主题的精彩内容也能使版面光彩夺目；独创的艺术性表明版式设计原创个性的原则，作为设计师首先学会的就是拒绝平庸个性鲜明，这是创意的灵魂，善于思考和别出心裁才能赢得受众的目光，否则就容易被贴上"山寨"的标签(见图7-4)。

图7-4 亨氏好意粉酱平面广告的版式设计

图7-4所示是平面广告的版式设计，将复杂的配方用图形与文字搭配起来，整体形态模拟口味或原料的图形，配以相应色调，主题鲜明视觉生动。

7.1.3 整体性

系列的版式设计在实操项目中时常会遇到，例如企业形象的设计、展会的宣传设计等，因此，版式设计不是一个单体行为，会涉及多种不同的视觉联系，使用的设计元素一致或比较接近。对于单项设计的版面，例如书籍装帧、杂志报纸的设计等，它们的前后页面之间的版式设计也会趋于一致，以保证视觉的连贯性和熟悉程度。

整体性是版式设计在宏观角度需要遵守的原则，版面中的设计元素有一部分是相对固定的(例如标题性的字体或基本的网格框架)，无论项目如何发生变化，这些元素都不会随着项目而变，这就是整体性原则的作用，它能协调视觉效果的跳跃性。但整体性原则并不等于所有版面的设计都相同，在细节上可以有所变化，除了固定的一部分设计元素外，还有一些是根据不同的项目而变化的，但系列项目之间彼此变化的程度保持一致，例如大型展览的宣传项目，海报与展板之间的标题字体或色彩相同，但根据具体的宣传信息，在版面的详细内容上会做局部调整(见图7-5和图7-6)。

图7-5 阿根廷艺术展览的版式设计

图7-6 毕业作品的系列展板设计

图7-5所示的艺术展览的版式设计(从左向右)为：展览信息、展览海报、展览馆宣传。同在一个地方宣传的不同展览为了视觉版面的统一性，采用了相同的标题字体与色彩，只是在局部细节上各有不同。

图7-6所示的毕业展板设计是2011届清华大学美术学院的毕业展。

7.2 版式设计的文字编排

日本书籍设计师松田行正就文字的编排说道:"应该寻找对于自己来说便于阅读的排版,如果没有足够的体验是不会明白的,特别是对于年轻人来说是很困难的,但是反正每天都要读书,所以将'什么样的东西才是易读的'这个问题时常放在脑子里面,那么自然就明白了所谓的易读性到底是什么了,只是不能用受众的眼光来看待,必须从设计师的角度去观察与研究。"在第2章中曾提到信息(文字)的易读化问题,有层次、有重点的文字阅读是每一个设计师在版式设计的过程中必须掌握与遵循的。

版式设计中的文字编排分为中文编排、英文编排和中英混排,每种文字都有着自己的阅读习惯和规则,设计中我们学习这两种文字比较实用,对于其他语种的文字在此不涉及。

7.2.1 文本对齐形式

中英文的文本对齐形式相似,基本的形式有四种:左对齐、右对齐、居中对齐和两端对齐。每一种对齐形式都各有功能特点和相应的阅读习惯。在版式设计中一般都会运用一到两种对齐方式,在同一页面上不会出现多种对齐形式,但是在一个设计项目中例如书籍装帧的文本版式设计,就页面功能不同而充分应用这四种基本形式,可见文本对齐的形式选择受设计风格和版面功能影响的。

1. 左对齐

左对齐在英文中叫"ranged left"(在美国被称为"ragged right"、"flush left"),在中英文的文本对齐中,从左往右的基本阅读习惯会按照左边空白排列,选择左对齐的文本形式(见图7-7)。中文文本的左对齐排列受标点符号的影响,会产生半个字符左右宽度的空白,在整体版面上表现出右边细微的不平整边缘(见图7-8);而英文文本受单词或词组的字符数影响,会让右边字行的边缘零乱,通常会用连字符"-"来减少由于字行的长度不同造成的不规则的视觉效果(见图7-9)。左对齐是版式设计中最常用也是应用最多的文字编排形式,整齐的起行字符位置,能让视线迅速准确地捕捉到每一行的开始端,方便记忆与阅读,是大量正文文字排版的首选。平和顺畅的形式特点适合所有受众的阅读习惯。

图7-7 中英文的左对齐文本形式

图7-8　中文的左对齐文本形式　　　　　图7-9　英文的左对齐文本形式

2．右对齐

右对齐在英文中叫"ragged right"(在美国被称为"flush right")。在中文的排列中受书法和传统文化的影响，右对齐的文本形式时常也会用到，在现代风格的段落文字中使用。但是在英文中，大段文字的排列并不适合右对齐，受众不能快速地找到文字的开头部分，扰乱阅读时的瞬间记忆，产生文字脱节和阅读串行。大篇幅文本的右对齐排列对初次阅读的受众会产生不良影响，因此特别是在儿童类的设计项目中要避免出现类似排列。正因为右对齐明显区别于左对齐，所以，字数较少或说明性的文本采用右对齐反而具有突出的视觉效果，一般在平衡信息的主次关系上会使用这种排列(见图7-10)，或者当说明文字的右边有一张图片时，右对齐的形式特点就会明显地体现出来，文本右边整齐的边界与图片边缘呼应形成和谐的视觉效果(见图7-11)。

图7-10　右对齐的文本形式　　　　　　图7-11　右对齐的说明性文本
　　　　　　　　　　　　　　　　　　　　　　(学生作品：江霞)

3．居中对齐

文本以中间垂直轴线排列，让受众感觉到对称的排版就是居中对齐，时常在标题页中使用(中英文均可)(见图7-12和图7-13)。居中对齐文本的外形有着瓶形般的效果，对于字数没有太多的限制，这种形式容易设计，但不好把握，要考虑到断字阅读，还要考虑外形效果，所以每一行的字数、字号、字重、间距、行长都要综合起来去推敲，否则就只有形式而忽略内容，违背了易读性的设计理念。所以采用居中对齐的文本形式，在草图阶段需要多次确定每一行的长度，才能真正达到方便阅读与优美的"瓶形"视觉的双重效果。

图7-12　居中对齐的文本形式(中文)

图7-13　居中对齐的文本形式(英文)

4．两端对齐

两端对齐和居中对齐一样，都是以中间垂直轴线对称排列的文本形式，从15世纪印刷技术提升时开始兴起，长期应用于书籍的版面中(见图7-14)。两端对齐与其他三种形式最大的区别在于，为了保持两端对齐的段落齐行效果以致字符之间的间距不规则，中文可以在软件中进行自动调节，只需要注意标点符号不放置在段落前即可，而英文则需要设计师按照字体和行长进行分词和齐行设计，特别是单词中连字符的编辑。还有一种两端对齐的文本形式则涉及不同字号的版式设计，缩进较大字号的文本与扩大较小字号的文本以形成齐行效果，这时需要注意的是行距的设定与调节(见图7-15)。

图7-14　两端对齐的文本形式

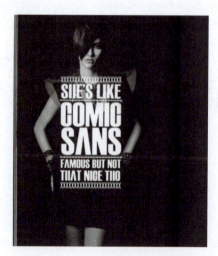

图7-15　不同字号的两端对齐

7.2.2 文本特排形式

上述四种文本形式是最基本的也是最常见的文字排版，多数针对正文、说明性文字和内页版面，通用于各种版式设计的文本部分，属于相对规整的文字版式设计。在设计中还有一种文本的特排形式，是专门为某一个项目的文本需要而设计的特殊版面形式，创意独特且不可通用(见图7-16)。特排形式不必局限于文本的左右或中间两端，甚至文本中的某一个字或词也能形成独立的设计元素，这种特排形式更富有挑战性，给受众特定的视觉刺激，时常在书籍封面、包装正面、网站首页、展板中使用，用于吸引受众、独树一帜(见图7-17)。文本的特排形式虽然没有基本形式的局限，但是必须遵循版式设计的基本原则，具体的创意与详细的应用参见第8章版式创意设计。

图7-16　文本的特排形式

图7-17　各种特排形式的版式设计

7.2.3 中英混排形式

设计的国际化使中英文混排的形式越来越多，不同语种的受众在画面中寻找熟悉的文字，这些不同的文字因相同的含义而联系在一起，共同出现在同一版面中，最常见的就是中英文的混排。

在这种混排形式的文本设计里，对中英文字体要做到能"信手拈来"的程度，熟知中英文各种字体的风格，能够活用字体家族中粗细不同的字符(见图7-18)。混排形式中要体现中英文的主次关系与前后顺序，两种文字在字体、字号、字重和间行距上应有所区别，切勿选择感觉相同的字体，避免视觉冲突。如何选择适合的字体来混排搭配呢？"对比"是诀窍，这里所指的"对比"不是要显示出哪个好看或哪个不重要，而是在版面上让视觉感受产生风格差异，相互衬托对比才能协调混排中的诸多问题(见图7-19)。

图7-18　字体家族

图7-19　中英文混排的版式设计

7.3　版式设计的图形色彩

7.3.1　图形处理

版式设计中的图形包括摄影照片和手绘插图，无论选择使用什么样的图形，最终都是为版面服务的，图形是一种记录和传播信息的视觉语言，文字有国界，但图形很容易突破这个屏障。因此版面中的图形是一种用艺术的手法解释与呼应文字，吸引和调节受众心理的设计元素(见图7-20)。但是，版面中的图形如果没有给受众留下印象，那么不管图形本身有多好，也说明在设计处理上是存在缺陷的。

图形在处理上需要注意的地方有：一是以版面的创意设计为前提选择图形；二是无论是照片还是插画都需要在细节上经得起推敲；三是图形必须要融入版面，不过分突出；四是对于图片的裁切要考虑画面效果与版面之间的协调与平衡。这些注意事项将在版面的创意设计中起到很重要的作用，为后面的学习做好充分的预习工作。

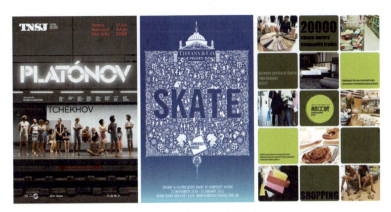

图7-20　版面中的图形

7.3.2　色彩分析

版面中的色彩不仅仅是指某一个具体的颜色，而是针对整体的色调，不同的色彩会给受众带来不一样的感受。

简单地说，冷色调会让人理智，暖色调会使人感性，这些色调的根据源于版面创意的需要，因此在色彩的应用中，不能完全凭借设计师自身的喜好和想法来进行调配。版面的色彩需要一个基调，这是一个大的整体感觉，是用来衬托文本背景和图形效果的(见图7-21)。除了色彩基调，还可以突出某些文本或图形。色彩是一个很好的调和剂，既可以有突出的作用，还可以有统一的功能(见图7-22)。

图7-21　色彩的衬托效果

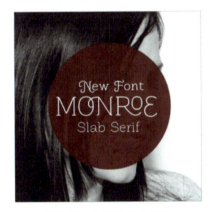

图7-22　色彩的突出效果

本 章 小 结

本章分三个部分，第一部分就版式设计的单一性、艺术性和整体性基本原则进行讲解，让初学者对版式设计有一个整体的认识与了解，这些原则性的理论不是浮于表面的，而是要

字体与版式设计

灵活地运用到实际项目的设计中,这些基本原则也是在长期的设计工作中总结出来的实用经验;第二部分就版面的文本对齐做了详细讲解,同时对中文编排、英文编排和中英混排中的设计技巧逐一说明,并对每一种文字版面的设计形式与功能进行了分析;第三部分针对图形与色彩在版式设计中的处理与分析,为第8章中具体的版面创意设计做好准备和预习工作。这一章中理论的部分和规则较多,都是在项目中实际会遇见的,因此是必要的理论学习和熟悉掌握的知识。

进行市场调研,对收集的设计资料进行版式设计分析,并撰写分析报告。

第 8 章

版式创意设计

学习要点及目标

本章主要学习版式的创意设计，理解并分析版式中的流线、网格以及各类版式设计的形式，规范的设计流程有助于更好的实际操作。

视觉流线　空间尺度　复合网格　创意设计

原来版式设计真的很重要！在学习之前，时常混乱的画面觉得怎么排列都不好看的展板，让我们一筹莫展！当学习了版式设计的基本原则、文字编排和图形色彩这些基础的知识后，在头脑中会逐渐形成版式的概念，下意识地回顾曾经困惑的问题，如何将众多的信息元素有效地放置在一起呢？图文如何配置的更加合适？色调如何调和？怎样才能设计出漂亮的版式呢？本章的学习将帮助我们解答这些问题。

8.1 版式设计的视觉流线

人有着自身独特的视觉特性——视觉暂留，视觉原理实际是靠眼球晶状体成像与感光细胞感光，并且将光信号转换为神经电流传回大脑引起人的视觉与感受，感光细胞中的感光色素需要一定的形成时间，这就促成了视觉中的后像机理，当物体在快速运动或人眼移动观察时，人眼所看到的真实影像消失，但大脑中仍能持续0.1～0.4秒保留其影像，这种现象就是视觉的暂留现象。由此可见，短暂的暂留现象有助于受众观看或阅读时的记忆，但凌乱的视觉流线就会打破这种记忆，当视线寻找新的信息甚至不知道看哪儿的情况下，上一次阅读的记忆就消失了。

视觉流线是版面中无形的脉络，通过设计手法体现出来的方向感，就像是给版面设定了一个有主旋律的运动趋势，形成了先看什么、后看什么的视觉流程路线，所以有条理的视觉流线有助于引导受众轻松自如地查询和接受信息与图像。在设计心理学中把一个设计中的平面划分出不同的视域，研究表明上半部分与左半部分使人轻松、愉悦，下半部分和右半部分则使人稳重、压抑。这种理性的研究说明了在版式中上半部分或中上偏左的区域属于"最佳视域"，成为视觉流线的重点部分。通常情况下，项目的标题或核心内容都会被设计在这些区域，以表示主次的层次关系(见图8-1和图8-2)。

图8-1　德国Harry Walter书籍设计

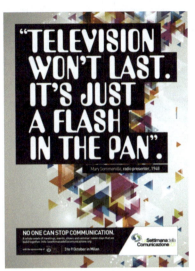

图8-2　专业公共服务平面广告

值得注意的是，灵活地巧用设计理念是学习者必备的能力，上述中的视觉流线与最佳视域都不是呆板的绝对公式，而是从大部分受众的视觉习惯中提炼出来的一种设计规律。在版式设计中，视觉流线的布置要灵活地设置在合适的区域中，以准确有效地传达信息为前提，以受众的普遍习惯为基础，形成自然流畅的视觉导向。视觉流线主要分为单向流线、曲型流线与引导流线。

8.1.1　单向流线

在视觉流线中单向流线的设置最多也最普遍，通过水平、垂直或倾斜方向的脉络引导视觉，能直接诉求主题内容的流线设计，这种视觉流线能给整体版式带来简洁明了的感觉，直观而不隐晦。

水平的视觉流线最为稳定，平和恬静是这种视觉流线的特点，会在段落文本或较多图片的版式设计中应用(见图8-3和图8-4)；垂直的视觉流线有着坚定的感觉，垂直的效果给人以直观感受，为区别标题和内容会采用垂直的单向流线(见图8-5～图8-7)；倾斜的视觉流线显得不稳定不平衡，是特意而为之的设计形式，通过这种不稳定的动态视觉效果引起受众的注意力，有时也需要平衡画面增加与之相对的视觉流线(见图8-8～图8-10)，这种单向流线需要注重不同文字的书写规则。

图8-3　古典音乐的系列宣传

图8-4　上海双年展作品展示

图8-5　海报设计

图8-6　TYPE THIS海报设计

图8-7　台湾Siid Cha包装设计

图8-8　Futura字体样本设计

图8-9　包豪斯封面

图8-10　荷兰图形设计展

8.1.2　曲型流线

与单向流线相反感觉的是曲型流线。曲型流线是视线动态与韵律的最佳表现，能使画面构图丰富，具有强烈的形式感，与此同时也能给予受众轻松、活泼、随性的愉悦气氛。

曲型的视觉流线中环形、弧线与多段曲线的形式设置展现出版式应用中的各自特点。环形的视觉流线具有靶心的原理，能迅速将受众的视点聚焦，在设计需要突出的版式中应用较多(见图8-11)；弧形的视觉流线有跳跃和过渡的视觉效果，累加后具备放射渐变的视觉感受，这种流线是组织相近似的曲型视觉流线，按照统一的方向进行设定，技巧在于视觉流线彼此之间的长短和曲度要有细微差异，在版式中增加了韵律的设计情感，让受众感受其中随性自然的设计情绪(见图8-12和图8-13)。在这类视觉流线的设计中都是以曲线为主，因此单向的流线将处于次要位置，以避免版式中视线的冲突。

图8-11　Tuffy防护服平面广告　　　　　　图8-12　书籍内页版式

图8-13　奥迪汽车平面广告

8.1.3　引导流线

与前两种视觉流线不同，引导流线的设置需要在版式中增加引导元素，明确指导受众的阅读与理解，属于强制性的视觉流线，逻辑条理性强。它最大的功能在于快速构架信息体系，与版式中空间网格产生交集设计。这种视觉流线适合信息量大、主次前后不易理解和分析的项目版式。

直观的引导流线多用线性元素或指示图形，将信息的主次与前后顺序串联起来，形成鲜明的层次逻辑关系(见图8-14和图8-15)；间接的引导流线则用虚空间或渐变色块，以含蓄的心理暗示指出阅读重点或顺序,这种流线需要合理利用虚空间的比例大小、同色系的色彩背景,用于衬托流线的引导性(见图8-16)。

上述三种视觉流线在版式设计中是应用最多的,也是最主要的,还有一些例如散点式、随意式等不易理解的流线我们在8.2节的空间网格中进行说明和讲解。

图8-14　海报设计

图8-15　ESPN媒体广告

图8-16　TYPE THIS海报设计

8.2　版式设计的空间网格

8.2.1　空间尺度

页面版式的空间尺度包括外部尺寸、版面率和虚拟框,外部尺寸是根据项目特性来确定的,版面率和虚拟框则由项目的具体内容决定的。

外部尺寸是指实际页面的尺寸,根据项目意图和特点(例如书籍装帧、包装设计、展览汇报或竞赛的版面要求),有些由设计师就创意设计决定,有的则为限定尺寸(项目中明确设定的尺寸)。在具体设计项目中要综合两个因素:一是要结合媒介确定尺寸,杂志期刊类的项目设计信息量较大,所以外部尺寸会比较大(一般选用A4、B4),文学专著要考虑受众的携带和展卖的便利性,因此外部尺寸都相对较小(一般选用A5、B6),展览中的展板方便大流量的受众观看,尺寸一般不会小于A1(841mm×594mm),而宣传散发的样本则不会大于A4(297mm×210mm)等(见图8-17);二是考虑制作成本,无论项目最终选择纸质印刷还是媒体播放,制作成本是甲乙双方必须考虑的,使用的规格尺寸要充分确保纸张的使用率,而版式创意使用的特殊尺寸则会造成一定浪费(见图8-18)。一般来说,这些尺寸很多是和规格纸张相关联的，按照标准规格的纸张、印刷成本或媒体尺寸考虑，这些版式都会有一个通用的外部尺寸(见表8-1)。

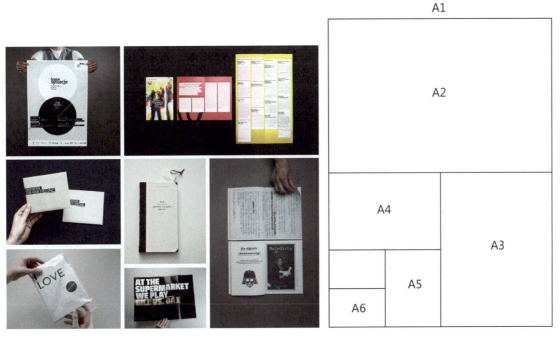

图8-17　各种外部尺寸的项目设计　　　　图8-18　A系列规格尺寸

表8-1　常规通用尺寸

项目媒体	常规通用尺寸
书籍	正度16开：185mm×260mm；正度32开：130mm×184mm 正度64开：92mm×130mm
报刊	大报纸4开：390mm×540mm；A2报纸：594mm×840mm
海报	大度纸张：850mm×1168mm 全开：844mm×1162mm；2开：581mm×844mm 3开：387mm×844mm；4开：422mm×581mm 6开：387mm×422mm；8开：290mm×422mm 正度纸张：787mm×1092mm 全开：781mm×1086mm；2开：530mm×760mm 3开：362mm×781mm；4开：390mm×543mm 6开：362mm×390mm；8开：271mm×390mm 16开：195mm×271mm
展板	大尺寸：1200mm×2400mm；中尺寸：900mm×1200mm 小尺寸：600mm×900mm
PPT	默认设置：190.5mm×254mm
汇报册	国际标准A3、A4

项目的具体内容设计影响虚拟框和版面率，虚拟框界定的是版面的版心，所有的图像信息都会在界定的尺寸中进行配置，而版心在整个版面中所占的面积比例则为版面率(见图8-19～图8-21)。版面率和虚拟框之间的关系成正比，而虚拟框的设定又是版式设计的第一步，所以设置不同的虚拟框能表达出不一样的版面率和设计效果。在具体的实操中，想体现品质的设计感就要设法降低版面率，但面对信息量较大时还要酌情考虑是否提高版面率(见图8-22和图8-23)。虚拟框一般在页面版式中偏上方，下面余白的部分大于上面余白的部分，主要是受心理视域的影响，在同一项目或系列页面中，尽量使用比例差不多的虚拟框和版面率，在灵活的版式设计中，不完全是将所有的元素必须放置在虚拟框内，有时会将一些图片或色块的一部分布置在框外，给平淡的版面增加一些变化。还有一部分特殊情况是在版面需要装订的时候，虚拟框边界适量地拉开与装订口之间的距离，避免信息部分被遮盖，影响易读性。

图8-19　虚拟框(黄色)

图8-20　版心(除白色外)

图8-21　版面率(白灰颜色)

图8-22　不同版面率带来的版式效果

图8-23　精致的时装样本

8.2.2 图版率

当确定虚拟框和版面率后，下一步就要设定图版率了。页面图片的布置和配比就是图版率，它是左右整个页面结构的关键因素，对页面效果产生极大的影响。当图版率为0时，页面属于"阅读型"结构，也就是以文字为主不配置任何图片或插画；当图版率为100%时，页面转换为"欣赏型"结构，图版率不包括文本元素，只针对图片和插图，它的数值反映版式的图文比率关系(见图8-24和图8-25)。在版式设计中，控制调整图片数量和尺寸才能很好地表达各个项目的版面特点，例如，时尚画册类较高的图版率能给受众带来丰富、活跃的视觉感受，文学典籍偏低的图版率则体现字里行间稳重的感觉(见图8-26和图8-27)。根据媒体特点设定合适的图版率，就能恰如其分地进行版式创意。

图8-24　不同图版率的页面效果

图8-25　不同图版率的对比

图8-26　Selected 时尚插画宣传册设计

图8-27　文化杂志报刊设计

8.2.3 网格系统

版式设计中将虚拟框进一步细分，变成网格的状态。网格能让页面看起来整体富有连贯性，每一个设计因子放置在网格中，让彼此之间产生视觉上的联系与关系，形成无形的有效机制，这就是版式中的网格系统。网格系统决定虚拟框的内部分割，这种系统大约在1950年时最早在欧洲使用。在设计阶段确定图版率后，利用网格系统能快速地将文本、图形和相应设计的色块有秩序地配置，是实用性较强的应用实操手法，要比随意编排的版面更有条理更清晰，多数以图文为主的版式设计的初稿都会应用这个系统，然后在不断调整的过程中进行修改。

　　网格系统以"矩形"为基本形，根据具体的图文内容来设定矩形的大小或分割数量，基础的网格系统体现现代主义的设计原则——简洁清晰，也是应用最多的版面形式，适合各种项目的版式设计，可在任何单页或系列页面上进行基础网格的布局设置(见图8-28和图8-29)，但是过于统一的格局会让人感觉平淡，所以要在实际操作过程中活用这些网格系统来配置各种图文元素(见图8-30～图8-36)。

图8-28　典型现代主义风格的基础网格系统(蓝色线框)

图8-29　不同项目的网格系统(蓝色线框)

　　图8-28和图8-29所示是现代主义的网格系统。在20世纪早期，Jan Tschichold 与其他设计师对传统字体、排版以及对现代信息的适合性进行更新，在 *The New Typography* 一书中明确了理性积极的现代版式的设计方法。现代主义风格的网格系统来源于包豪斯与构成主义，是充分使用对称网格来决定页面所有元素的位置，使文本和图形通过合理的结构来搭建版式关系。在J.Muller-Brockmann所著的《平面设计中的网格系统》一书中也指出：在一个成熟的网格系统中，并不仅仅是对文字和图像的对齐，还有说明和字母、标题和副标题的对齐，所有的网格要素可以用数学上的整数表示，栏是版式的再分，边距和单元是栏的再分，基线是单元精确的等分。

图8-30 海报设计

图8-32 作品集设计

图8-31 书籍内页设计

图8-33 样品展示设计

图8-34 网页设计

图8-35 展览信息设计

图8-36　图表设计

8.2.4　复合网格

基础网格系统表现简洁大方，有较强的定式，当网格系统复杂化时出现复合网格，版式的可变性就增大，视觉层次感加强趋于饱和状态。这种复杂的网格系统源于现代风格的基础网格，是基础网格的累加、复制和偏移，属于典型的"巴洛克"风格版式(见图8-37)。现代复合网格在系列版式设计中不一定会使用完全相同的网格布局，会用渐进的方式来完成版式设计的系列效果，也就是说虽然某些主要的网格设置一样，但不同内容的版式将会相应进行变化，可以是渐变的、大小不一的。这种复合网格的设计形式给设计师带来无限可能的设计灵感和施展空间，让每一版面散发出不同的创新点，但又可以用大格局统一的网格系统进行调和(见图8-38和图8-39)。

图8-37　复合网格(蓝红色线框复合)

图8-38 环境艺术类个人作品集扉页(作者：周雅琴)

图8-39 景观作品书籍扉页(作者：周雅琴)

早期的网格还有手工印刷的功能，如今的版式设计借助软件与计算机，可以越来越多地尝试独特的、创新的视觉体系了。复合网格与基础网格的版式风格是有所区别的，针对不同项目和创意目的选择适合的网格布局(见图8-40～图8-42)。在选用复合网格的版式设计中，需要注意的是前后层次的关系和易读性，不能受下层的影响使上层的文字或图形不易识别，下层应该与上层搭建衬托关系(见图8-43和图8-44)。

  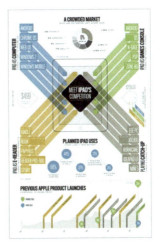

图8-40 书籍内页设计　　图8-41 展板设计　　图8-42 图表设计

图8-43　海报设计

图8-44　公司形象设计

8.2.5　忽略网格

并不是所有的版式设计中都需要覆盖网格系统，图版率较高的项目或者欣赏型的版式设计就不会使用网格，当设计元素以图形为主的时候，文本将被安排到图像中以形成一个整体，这些文本不需要受网格的限制和布局。有时候采用正版出血处理，但为了更好的空间余白效果，还是会设置基本虚拟框或特定大面积空白(见图8-45～图8-49)。

图8-45　冰激凌广告版式设计

图8-46　插画类书籍的版式设计

图8-47　图像为主的版式设计

图8-48　漫画杂志

图8-49　汇报册封面设计

8.3 版式设计的创意应用

版式中的视觉流线与空间网格是较为通用的设计概念，具体到版式创意的设计中还需要进一步细化这些概念，同时结合相应的项目和媒介特点将设计应用到各项实操工作中。网格比例变化、图形处理技巧、色彩调配功能和解说图表创意这四项应用是非常实用有效的创意手法，它们合理地解析了版式设计中所遇到的困惑，提出可行可操作的解决方案，虽说不能概括全部的版式问题，但作为初学者，应结合设计概念与实操应用进行版式设计的问题分析、提出方案、得出结果并验证可行性。

8.3.1 网格比例变化

无论是基础网格还是复合网格的应用，调整网格的比例将解决和达到版式设计中的先后顺序、主次关系、扩展空间等目的。

对于表达先后顺序的版式设计，必须设计得使受众能够明白这种顺序关系，尽管视觉流线已经告知从左往右，但易读性则需要设计师将这种顺序表达地让人一目了然，首先注意到阅读的起始点，再形成先后顺序，改变彼此网格之间的比例是最基本的创意方法。在专业的设计词汇中"优先率"就是指各种元素在网格中所占的比例，当一个版面中的优先率较高时，就会产生富于变化、拥有动感和节奏的画面，反之当版面的优先率较低时，带给受众平和稳重的视觉效果，因此要表达先后顺序的网格比例变化必须根据实际项目的内容和风格来确定(见图8-50和图8-51)。

图8-50　2011届毕业设计作品集内页设计(作者：周雅琴)

图8-51　规划项目汇报册设计(作者：周雅琴)

图8-50所示为作品集内页版式。各类设计的作品较多，图片也很多，如果设置的网格一样，作为第一眼受众不知从何看起，所以为了突出主要的设计，设计师从众多的图片中选择有代表性的，结合视觉流线和基本网格进行大小调节，达到观看顺序的目的。

图8-51所示为规划项目的汇报册。甲方在审查设计中需要平面图来强化整体的规划设计，因此无论是前期分析还是后期发展，设计中都将平面规划总图设置为"优先"级别，这是在规划、景观设计项目的汇报中实用的版式设计。

表达主次关系的版式设计是要突出视觉的强弱，通过网格比例的多少在形式上产生变化，强调主要元素弱化次要元素。网格单体比例增大能够突显主要部分，当网格重复相同比例后则会弱化画面效果，这就是心理学中"唯一的"就显得独特、独一无二，"众多的"就觉得差不多、没什么特别。而且主次元素的网格比例反差要强烈，才能更好地衬托这种视觉关系(见图8-52和图8-53)。

图8-52　品牌标签版式

图8-53　网页页面版式

> 图8-52所示为品牌标签的版式。文字内容较多，但为了整体效果还进行了文本的两端对齐，主要的部分将网格比例增大，加强了主次之间的阅读关系。
>
> 图8-53所示为网页版式。表现主要页面的内容与图像网格比例增大，剩余部分则设置相同网格，用这种大小比例衬托主次关系。

扩展空间就是在缩减网格比例，是版式中比较重要的地方——留白。留白即在版面中留出空余部分，扩展空白空间，以减轻页面的压迫感，给人遐想神秘的感受，是突出视觉重点的一种版式创意。这需要根据实际的内容量来决定是否使用缩减网格比例的创意手法，因为大面积的留白会降低版面率，那么缩减比例后的网格只能承载少量信息，虽然能够带来典雅平和的画面，但是没有目的和甲方不认可的留白都是不可取的，因为在版式中不能一味彰显设计师的个性与喜好，适当的和甲方认同的留白设计才是版式中正确有效的操作手段(见图8-54～图8-56)。

图8-54　品牌形象应用设计

图8-55　瑞士手表的网页和宣传品设计

图8-56　宣传样册的版式设计

> 提示
>
> 图8-54、图8-55和图8-56所示的这些版式中大量的留白与单纯色彩的应用,彰显出被设计品牌或展览优雅纯粹的品质与企业理念。

8.3.2 图形处理技巧

图形在版式中除了图版率的设定外,图像的裁切、角度和分类布置的形态(外部轮廓和内部空白)都将成为版式创意应用中重要的细节部分,它们处理的好坏虽然不至于影响大的局面,但总会让人觉得别扭,时常还找不出原因。

图像的裁切是指版式中应用的图像素材根据内容的实际需要进行剪裁,这里所指的裁切不包括以摄影照片或图像作品为主的画册,当图像元素配合文字时需要做突出效果的裁切。一般来说,主画面的人物头部手势是比较重要的,不可以随意裁掉,实物照片中与文字有关的背景或配饰也要自然地留在画面里,裁掉的都是多余的空白或镜头取景框取景中没有实际意义的部分(见图8-57和图8-58);裁切时还需要注意图像的角度和方向,这是指照片中的人物或物体有明显的方向性,特别是彼此之间面部的朝向(见图8-59和图8-60);细节画面裁切过程中要突出细节,其余不要,同时细节照片裁切的数量和内容要与文字相符,色调如果过于跳跃就需要调和(见图8-61和图8-62);众多图像元素需要用分类的处理技巧进行版式设计,也就是说遵循相同或近似的图像放置在一起的原则,这样受众在阅读和识别的过程中产生连续记忆,使版面体现出明确的条理性,是对易读性的图像表达(见图8-63和图8-64)。

图8-57 阿迪达斯的宣传册设计

图8-58 景观方案设计的本册版式(学生作品:夏婕)

图8-57所示为阿迪达斯宣传册。图像以著名球星的形象为主，但需暗含阿迪达斯的广告，因此图片保留人物的上半身，将图片正好裁切至服装Logo的底部，再采用黑白色彩，巧妙地将深底白色的标志突显出来，这就是优质的图片裁切。

图8-58所示为本册版式。在方案的说明过程中，需要局部展示主要地块，因此无论整个设计有多精彩，在图片中都需要准确地裁切至重要部位，否则会给甲方带来地块区域的识别偏差。

图8-59　公司主创人员的照片布局

图8-60　Sales Desk Polen公司网页设计

图8-59所示为照片布局。这六个人物的角度分为正面、右侧和左侧，在布局处理中将对角的位置摆放了相同角度的照片，中间部分则根据从左到右的视觉习惯布置了左侧照片。

图8-60所示为网页设计。人物角度与圆形色块相互呼应，也证明色块中的对话与这位设计师有关，是典型的图片角度处理形式，如果反过来就会觉得十分别扭，图和文字就不能成为一体。

图8-61　图册样本版式

图8-62　书籍装帧设计的展示(学生作品：施展)

图8-61所示为图册版式。在图文混合的版式中,图像为文本的形象表达,以文本为主,因此所有的细节图片均以局部出现,突显细节画面,加强受众对文本的理解和意象。

图8-62所示为展示效果设计。当设计作品处于推敲阶段时,可能会采用效果图来表示,不但展示整体效果,还有细节部分,便于甲方对其提出意见和建议,展示效果的好坏影响设计成品,所以要裁切得准确。

图8-63　大众汽车户外广告

图8-64　展示设计的展板(学生作品:常森)

图8-63所示为户外广告。承袭了德国典型的设计风格,规整地将不同图片进行分类,通过这种形式还将前后发展顺序表达清楚。

图8-64所示为展示设计的展板。版式中以展示空间为图片分类,将展示空间的平面、立面和外延分别组合,有条理地表达了展示空间设计的各个角度。

8.3.3　色彩调配功能

版式中的色彩是最好的协调配比工具,能使页面具有一致性、系列感,还能进行项目内容的分类、版式的统一。这些色彩可以从图像中提取,也可以以内容为基础人为设置。

色彩能保持彼此页面之间的一致性,一般是指在多页中、系列版面里。在书籍装帧的版式设计中,页面之间的连贯性除了网格设置外色彩的选择也很重要,左右页面之间的颜色可以是局部的也可以是全部相同,一边使用的色彩另一边也会应用到,甚至图像中的色彩在整个跨页中使用,因为双页也是一个整体,所以左右两边的色彩相互呼应才能达到最终一致性的目的和效果(见图8-65和图8-66)。单体页面中例如网页、汇报PPT等图像和文字的颜色需要一致性，要么就突出某一项反差很大，但是大部分还是会保持彼此色彩的一致性，也就是说文本的色彩从图像色彩中提取或设置(见图8-67和图8-68)。色彩的系列感是指在系列项目的设计中，通过相同色彩和形式应用在不同的版面中，使得这些不同内容的版面都具备相同的色系进而形成设计的系列感，时常用在企业形象设计、系列海报设计、展板设计中(见图8-69和图8-70)。色彩的调和分类功能能使页面中的图像或文字进行类别的区分，还可以让套系设计因内容不同而进行分类(见图8-71和图8-72)，色彩的统一协调功能将分散或形式多样的设计进行整合，色彩使用单一，让整个画面体现直观效果(见图8-73和图8-74)。

图8-65　页面之间的局部色彩呼应

图8-66　图像与全版的色彩呼应

图8-67　网页版式的色彩一致性

图8-68　PPT汇报中的色彩一致性
　　　　（作者：周雅琴）

　　图8-65所示为局部色彩呼应。左边的图形使用了右边的底色，右边的文本颜色使用了左边的标志色彩，使左右两边的版面有相关的联系。

　　图8-66所示为全版色彩一致性。左右两边的图像中都带有枣红色，因此底色直接从画面提取，显得十分统一。

　　图8-67和图8-68所示为文字图像的色彩一致性。两个不同项目都使用了同一种色彩手法，文字色彩都以图像色彩为主，使画面产生良好的协调效果。

图8-69　White Pages品牌设计

图8-70　建筑公司品牌VI设计

图8-71　人物简介

图8-72　商业广场不同功能的本册设计

图8-73　Miriam Altamira饮料外包装设计

图8-74　KISSTHEDESIGN品牌报刊设计

> **提示**
>
> 图8-69所示为品牌设计的海报。不同内容的海报图像采用黑白效果，色彩的融入提亮整体视觉，虽然使用了不同形式和渐变的颜色，但是相同的手法使彼此之间产生良好的系列效果。
>
> 图8-70所示为建筑公司VI设计。VI设计中专门对色彩进行说明，可直接查阅VI在色彩方面的专业知识。
>
> 图8-71所示为人物简介的版式。图片采用色彩的分类设计，将五个人物照片统一去色处理，再将不同类型的间隔调色，整体效果表现协调。
>
> 图8-72所示为一套商业广场的本册设计。使用相同版式不同颜色来区分商业广场的项目功能，颜色之间有渐进也有对比，局部钥匙图案的色彩则从套系颜色中提取。
>
> 图8-73所示为饮料外包装设计。饮料的瓶子因为口味的不同使用了多种色彩，为了整体的统一性使用接近纸板的颜色，显得清新又自然。
>
> 图8-74所示为报刊设计。报刊的标志是一个十边形的图案，设计师将标志放大围合中间的文字组合，统一又显著，是典型的颜色统一功能的体现。

8.3.4 解说图表创意

版式中解说类的设计一般采用图文结合，文字和图像以临近为原则，基本采用统一版式，包括统一的对齐、网格、字号字体、色彩等，如需要突出某一个部分，则参考网格的设计理论，如果彼此没有上下级的等级关系，那么在网格和色彩上将会统一设置（见图8-75）。图表类的版式设计，网格最为重要，因为信息量比较大，信息的系统和分支也比较复杂，所以要综合应用版式中的视觉流线、空间网格和创意设计，还需要较好的图形处理能力，这项设计是建立在逻辑理性的设计之上的，所以并不需要过于花哨的形式和想法（见图8-76）。

图8-75　DM宣传单的解说类版式

图8-76　各种图表类版式

8.4　版式设计的制作流程

8.4.1　准备素材

将整个版式设计中所需要的素材都分门别类地放置在不同的文件夹内，便于不同的内容查找，特别是文件比较多的项目中，还有一点要注意的是文件名称一定不能重复，以免替代文件。这个准备的工作流程在软件InDesign中很实用，当版式在不断地修改时，能快速找到所需要的文本或图像，也方便设计师之间的协调工作(见图8-77)。

图8-77　素材分类(作者：周雅琴)

8.4.2 组织内容

统一进行版式的布局和调配,草图中必须清晰地记录每一页或每一板块的具体内容、网格的应用和色彩的搭配。这一步骤的作用在于使设计师清晰地认识到整体项目的基本情况,把控全局风格,并随时修改其中任意页面,还能保证内容信息的独特性(避免前后重复使用相同文本或图像),这种必要的设计流程也是设计团队之间有效的沟通手段。页面内容的组织还利于制作成本的核算,多少个页面合成多少印张,包括不规格的纸张或夹页(见图8-78)。

图8-78　调配内容(作者:周雅琴)

8.4.3 图文配比

确定整体版式的版面率、图版率和优先率,这三个定向指标将指导版式设计阶段的图文配比情况。当确定好页面内容后,三个定向指标则具体到每一页面实际的图像和文本数量,包括留白的效果(见图8-79)。

图8-79　版面率、图版率和优先率的体现(作者：周雅琴)

8.4.4　细节处理

在整体版式初稿完成后进行细节的调节与处理，草图只能是设计师在意向阶段时的初步构思，经过软件的制作后才能体现成品的雏形，这与意向阶段有一定的差距，细节的处理正是用于弥补这个差距，进而向更好的效果推进。细节的处理包括同一级别的字号、字体的统一，近似图像插图的排列与分类，网格比例的微调，色彩的统一性以及后期效果的风格等，也是体现了先做加法后做减法的设计规律(见图8-80)。

图8-80　各种细节的处理(作者：周雅琴)

本 章 小 结

　　本章分四个部分,第一部分以受众视觉与心理习惯为基础提出三种视觉流线;第二部分分析了版式的空间网格,进一步对二维平面进行合理分割与解释;第三部分则具体提出在版式创意中如何应用设计概念进行网格比例变化、图形处理技巧、色彩调配功能和解说图表创意这四项实用手段;第四部分将版式设计分成四个连续流程说明制作步骤。其中第一部分和第二部分是本章的重点,学生应理解其中的设计概念并加以应用,第三部分是本章的难点,是需要在版式设计的实操过程中去体会、验证和领悟的,最后一部分则是了解过程,理清条理顺序知道如何着手进行版式设计。

设定一个主题或概念,应用一或两种版式的设计形式进行创意制作。

参 考 文 献

[1] [美]蒂莫西·萨马拉. 完成设计——从理论到实践[M]. 南宁：广西美术出版社，2008.
[2] [美]罗宾·蓝达. 美国广告设计实用教程[M]. 上海：上海人民美术出版社，2006.
[3] [美]德比·米尔曼. 平面设计法则[M]. 北京：中国青年出版社，2009.
[4] [美]阿历克斯·伍·怀特. 字体设计原理[M]. 上海：上海人民美术出版社，2008.
[5] [日]伊达千代，内藤孝彦. 字体设计的原理[M]. 北京：中信出版社，2011.
[6] [英]安德鲁·哈斯拉姆. 书籍设计[M]. 北京：中国青年出版社，2007.
[7] [英]约翰逊. 文艺复兴：黑暗中诞生的黄金时代[M]. 天津：天津人民出版社，2007.
[8] [日]佐佐木刚士. 版式设计原理[M]. 北京：中国青年出版社，2007.
[9] [日]伊达千代，内藤孝彦. 版面设计的原理[M]. 北京：中信出版社，2011.
[10] 李彬彬. 设计效果心理评价[M]. 北京：中国轻工业出版社，2005.
[11] 周雅琴. 平面广告创意设计与文案创作[M]. 沈阳：辽宁科学技术出版社，2010.
[12] 顾欣. 比文较字：图说中西文字源流[M]. 重庆：重庆大学出版社，2009.